भाषा का समाजशास्त्र

भाषा का समाजशास्त्र

(वेदभाषा, मागधी, भोजपुरी और मुण्डा के विशेष सन्दर्भ में)

डॉ. राजेन्द्रप्रसाद सिंह

राजकमल प्रकाशन

ISBN : 978-81-267-0811-6

मूल्य : ₹ 595

पहला संस्करण : 2004
चौथा संस्करण : 2021
पहली आवृत्ति : 2023
This book is printed on **Print on Demand** Technology : 2025

प्रकाशक : राजकमल प्रकाशन प्रा.लि.
1-बी, नेताजी सुभाष मार्ग, दरियागंज
नई दिल्ली-110 002

शाखाएँ : अशोक राजपथ, साइंस कॉलेज के सामने, पटना-800 006
पहली मंजिल, दरबारी बिल्डिंग, महात्मा गांधी मार्ग, प्रयागराज-211 001
1, अनमोल सोराबजी संतुक लेन, धोबी तलाव, मरीन लाइंस, मुम्बई-400 002

वेबसाइट : www.rajkamalprakashan.com
ई-मेल : info@rajkamalprakashan.com

BHASHA KA SAMAJSHASTRA

by Dr. Rajendra Prasad Singh

शशि, सृष्टि एवं साक्षी

के लिए

आमुख

कई वर्षों से भाषायी स्थापनाओं की भीड़ से गुजरता रहा हूँ। भाषा की नींद सोते-जागते इसके कई छुए-अनछुए कोणों से टकराता रहा हूँ। इस बीच कई-कई विचार दिमाग में उबलते-सींझते रहे हैं। मैं एक सत्यान्वेषी की भाँति भाषावैज्ञानिक सत्यों का मधुसंचय करता रहा हूँ। इसलिए इस कृति को सर्वथा मौलिक होने का दावा करना मेरे लिए बेईमानी लगती है यद्यपि इसके तथ्यों के सत्यापन में मौलिकता जरूर है।

भाषा का समाजशास्त्र इस बात का जवाब दे देगा कि मागधी प्राकृत के साथ संस्कृत के आचार्यों ने दोयम दर्जे का व्यवहार क्यों किया है। इस तथ्य की जाँच की जानी चाहिए कि आखिर संस्कृत नाटकों में निम्न श्रेणी के पात्र इसका प्रयोग क्यों करते हैं? संस्कृत नाटकों में माँ प्राकृत बोलती है, बेटा संस्कृत बोलता है। लिंग के हिसाब से किसी समाज की भाषा नहीं बदलती है। वर्ण-व्यवस्था के आधार पर भाषा को वैसे ही आरोपित किया जा सकता है जैसे शिक्षा-ग्रहण करने के लिए अलग-अलग वर्णों की अलग-अलग उम्र तय कर दी जाय। मागधी प्राकृत निम्न श्रेणी के पात्रों पर ऊपर से थोपी गयी है, इसलिए इसकी कृत्रिमता स्पष्ट है।

सवाल है कि जिस भाषा का प्रयोग किसी गीत की टेक अथवा अन्तरा में किया जा सकता है उसका प्रयोग पूरे गीत के लिए क्यों नहीं किया जा सकता है ? जरूर कोई बात है जिसकी पड़ताल होनी चाहिए। अगर मागधी प्राकृत समाज के हाशिए पर जीनेवाली जातियों की भाषा थी तो क्या भोजपुरी उसी की कोख से पैदा हुई है ? भोजपुरी का रक्त-वर्ण ऐसा मानने से रोकता है।

भोजपुरी कृषि और श्रम-संस्कृति की भाषा है। इसके शब्दों में भोजपुर की माटी की सोंधी गंध है। यह मेहनतकशों और कामगारों, किसानों और मजदूरों की भाषा है। यदि आधुनिक युग के नये-नये कृषि-यंत्रों को दरकिनार कर दिया जाय तो कृषि-संस्कृति का मुख्य आधार-स्तम्भ बैल हैं। रंग, आयु, दाँत, सींग कई आधारों पर भोजपुरी क्षेत्र में बैलों को वर्गीकृत किया गया है। केवल रंग का आधार हमें स्वीकार हो तो करिआवा, ललका, ऊजरका जैसे सपाट शब्दों की बात कौन करे, इनके पारिभाषिक शब्दों की भी एक सूची मिल जाएगी शोकन, धावर, गोल।

संस्कृत की शब्द-सम्पदा पर देवी-देवताओं का वर्चस्व था, इसलिए उसकी शब्दावली

इनके पर्यायवाचियों से लदी पड़ी है। तभी तो शिव के नामों की संख्या 2317 है। अरबी की प्राचीन बोलियों में 'ऊँट' तथा उससे संबंधित अन्य शब्दों की संख्या 5744 थी। आज भी अरबी भाषा में ऊँट के लिए 1000 से अधिक पर्यायवाची शब्द हैं। आइसलैंडिक भाषा में द्वीप के लिए सैकड़ों शब्द हैं। भोजपुरी में सुबह और उसके आगे-पीछे के समय के लिए बहुतेरे शब्द पाये जाते हैं। अनगुत्ते, अन्हमुन्हारे, किरिन फूटले, झलफलाहे, फजीरे, फरिछ, फह फटले, बिहान, भिनसहरा, भोर, भोरहरिए, मुहलुकान, लोहिये पर, सेकराहे, होत परात, होत मुन्हार आदि भोजपुरी में प्रातःकाल के द्योतक अनेक शब्द पाये जाते हैं, भले ही काल-विभाजन की कसौटी पर उनमें अर्थान्तर हो। इन शब्दों का जमावड़ा किसी न किसी रूप में भोजपुरी भाषा को श्रम-संस्कृति से जोड़ता है क्योंकि कृषिप्रधान संस्कृति में सुबह का अपना महत्व होता है।

समाजभाषाविज्ञान (Sociolinguistics) के माध्यम से भारतीय समाज के उन दबाव-समूहों की शिनाख्त की जानी बाकी है जिन्होंने भाषायी व्यवस्था को अपने साँचे में ढाला है एवं गलत-सही स्थापनाओं को इनकी सम्पुष्टि में इस्तेमाल किया है। आज उन सूत्रों को ढूँढ़े जाने की जरूरत है जिनकी वजह से भाषावैज्ञानिक स्थापनाएँ इन सामाजिक दबाव-समूहों के आगे बारम्बार हारती रही हैं। वैदिक संस्कृत पुरानी भाषा है तो 'इह' का पूर्वरूप 'इध' कैसे हुआ ? 'इध' पालिभाषा में स्वीकृत है जिसके पुरानेपन की पुष्टि हिन्दी 'इधर' से होती है। अगर पालिभाषा के कुछ रूप पुराने हैं तो वैदिक संस्कृत पुरानी भाषा कैसे है ?

वेदों में 'मनुष्य' और 'मानुष' एक साथ कैसे चलते हैं? कौन किसका अपभ्रंश है ? अगर मनुष्य में षष्ठी विभक्ति है तो मानुष में कौन-सी विभक्ति है जिसके बलबूते पहले की व्युत्पत्ति मनु की संतति की जाती है ? वैदिक 'मान' का अर्थ है घर, जो घर में रहता है, वह 'मानुष' है और जो वन में रहता है, वह 'वनमानुष' है; इसीलिए 'वनमनुष्य' पद नहीं चलता है। हिन्दी भाषी क्षेत्र की लोकबोलियों में मानुस शब्द चलता है, मनुष्य नहीं। इसलिए यह दावा करना कि लोकबोलियों के सभी शब्द संस्कृत के अपभ्रंश हैं, गलत होगा। भोजपुरी में जानवरों की माँद को आज भी मान/मनान कहा जाता है। लोकबोलियों में मनुष्य को 'मनई' भी कहा जाता है यानी मान (घर) में रहनेवाला जैसे कि मान (घर) में रहनेवाले को खड़ी बोली में 'मानव' कहा जाता है। 'मान' का क्रियामूल 'मा' है जिसका अर्थ होता है निर्माण करना। यह क्रियामूल मठ, मण्डप, मंदिर, माँद, मान, मनान, माड़ो सभी में मौजूद है। 'मानुष' तत्सम है, 'मनुष्य' तद्भव है।

संस्कृत में बहुत सारे शब्द मिलेंगे जो लोकबोलियों के आधार पर गढ़े गये हैं परन्तु गलती से उसे तत्सम मान लिया जाता है। कारण कि हमारी भाषावैज्ञानिक स्थापना रही है कि संस्कृत पुरानी भाषा है, इसलिए लोकबोलियों के शब्द तद्भव हैं जबकि संस्कृत का पहला लम्बा अभिलेख 150 ई. में पश्चिमी भारत के जूनागढ़ से मिलता है। प्राकृत के अभिलेख भारत में सबसे पुराने हैं। वैदिक भाषा पुरानी है, वैदिक संस्कृति भी पुरानी है तब इस तथ्य की भी पड़ताल की जानी चाहिए कि वैदिक युग के तथाकथित सोने के सिक्के 'निष्क' कहाँ गये जबकि धातु के सिक्के सबसे पहले गौतम बुद्ध के युग में मिलते हैं।

संस्कृत को सर्वाधिक बढ़ावा देने का श्रेय गुप्त राजाओं को है जिनके राज्यकाल में केवल अभिलेख ही नहीं अपितु साहित्य भी संस्कृत से पट गया था। इसी वंश का प्रचण्ड धार्मिक उत्साह ने हिन्दू मंदिरों को जन्म दिया था जिनमें विभिन्न देवी-देवताओं की मूर्तियाँ स्थापित की गयीं। इनके राजध्वज गरुड़ांकित होते थे। गुप्त सम्राटों ने वैदिक परम्पराओं एवं प्रणालियों के अनुसार अश्वमेध यज्ञ किये। इनके कई अभिलेख विष्णु की स्तुति से प्रारम्भ होते हैं। अभिलेख गवाह है कि भारत की एक महिला पहली बार इसी युग में सती हुई थी। धार्मिक प्रयोजन के लिए भूमि की खरीद-बिक्री के प्रथम पुरालेखीय साक्ष्य भी हमें इसी काल में उत्तर बंगाल से प्राप्त होते हैं। गुप्तकाल जाति-व्यवस्था का विस्तार एवं सुदृढ़ीकरण का युग था। कई नयी जातियों का साक्ष्य भी पहले-पहल हमें इसी काल में मिलता है। तब यह असम्भव नहीं है कि अमरकोश की रचना में मानवीय क्रियाकलाप को वर्ण-व्यवस्था के आधार पर रखा जाय।

सामाजिक दबाव-समूहों को पकड़ने का एक महत्त्वपूर्ण साधन है मध्यम पुरुष का विभिन्न व्याकरणिक रूप। मध्यम पुरुष के लिए अंग्रेजी में Thou तथा You दो हैं, हिन्दी में तू, तुम, आप तीन हैं, किन्तु जापानी में छः-सात हैं। मध्यम पुरुष के ये विभिन्न व्याकरणिक रूप उस समाज विशेष के सामन्तमूलक स्वर को खोलते हैं। कारण कि समाज में जैसे-जैसे वर्ग-भेद और ऊँच-नीच की जटिलताएँ गहराने लगती हैं वैसे-वैसे उस समाज की भाषा स्तर-भेदक अभिव्यक्तियाँ कायम करने लगती हैं। संस्कृत में मध्यम पुरुष में 'त्वं' के स्थान पर आदर के लिए 'भवत्' के रूपों का प्रयोग मिलता है। वैदिक और लौकिक संस्कृत के बोलनेवाले समाज में भी स्तर-भेद था तो फिर हिन्दीभाषी समाज की स्तर-भेदक अभिव्यक्तियाँ फारसी भाषा के प्रभावस्वरूप कैसे विकसित हुई हैं जबकि प्राचीन फारसी से ही नहीं अपितु अवेस्ता की भाषा से भी वैदिक संस्कृत को पुराना बतलाया जाता है !

ऐसा माना जाता है कि आदिम समाज समतामूलक था। संथाली भाषा में आदर के लिए कोई अलग सर्वनाम नहीं है और न आदर के लिए किसी दूसरी शब्दावली का प्रयोग होता है। संथाली ही नहीं अपितु सभी मुण्डा भाषाओं में आदरवाचक कोई सर्वनाम नहीं मिलते हैं। सभ्य समाज की कई स्तर-भेदक अभिव्यक्तियों से तो मुण्डा भाषाओं का यह व्याकरणिक ढाँचा ज्यादा बेहतर है। मुण्डा आदिवासियों का समाज पिछड़ा है। उनकी भाषाएँ दरिद्र हैं। फिर भी इतना तो तय है कि इस मामले में उनकी भाषाएँ तथाकथित विकसित भाषाओं से ज्यादा अमीर हैं।

भारतीय समाज का यह स्तर-भेद सिर्फ रक्त-वर्ण के भरोसे नहीं बैठा है बल्कि इसकी पहुँच लैंगिक जमीन पर भी है। व्याकरण की किताबों में पुंलिंग से स्त्रीलिंग बनाने के नियम और प्रत्ययों का जिक्र मिलेगा जबकि स्त्रीलिंग से पुंलिंग बनाने की प्रत्ययी अवधारणा नहीं मिलेगी। संस्कृत में भी स्त्री प्रत्ययों की कमी नहीं है। यह हमारा मर्दवादी सोच है जो चोर-दरवाजे से व्याकरण की किताबों में दाखिल हुआ है। पुरुष केन्द्र में है। इसीलिए उसमें कुछ जोड़ देने से स्त्रीवाची शब्द निकल आते हैं। स्त्रीवादी शब्द उसके मुखापेक्षी हैं।

मुण्डा भाषाएँ दोनों की बराबर सत्ताएँ स्वीकार करती हैं। लैंगिक नस्लवाद से इन्हें परहेज

है, तभी तो लिंग का बोध कराने के लिए मूल शब्द में पुरुषवाचक या स्त्रीवाचक शब्द जोड़ दिया जाता है। इनका पक्ष एकतरफा नहीं है। मुण्डा भाषाओं में लिंग-भेद करने का ढंग अत्यन्त मोहक है, साथ ही वैज्ञानिक भी। मुण्डा भाषाओं में लिंग व्याकरणिक नहीं है। सभी जीवित प्राणी पुंलिंग हैं, निर्जीव वस्तुएँ स्त्रीलिंग हैं। जरूरत पड़ने पर संज्ञाओं में नर और मादावाचक शब्दों का इस्तेमाल कर लिया जाता है। लिंग को औजार बनाकर समाज पर काबिज होने की नस्लपरस्त दृष्टि से मुण्डा भाषाओं का व्याकरण अछूता है।

मुण्डा भाषाओं का लिंग हाशिए पर है, हिन्दी का लिंग केन्द्र में। हिन्दी में ईंट-पत्थरों का भी लिंग-निर्णय उनका पूँछ उठाकर किया जाता है। भला ईंट और पत्थरों का क्या लिंग होगा ? अंग्रेजी भाषा में 'न्यूटर जेण्डर' का कॉन्सेप्ट है। इस नपुंसक लिंग की सूची से हिन्दी में आये शब्दों को भी हम इसी मनगढ़न्त साँचे में ढालते हैं जो पूरी तरह से निराधार है। होना यह चाहिए कि जिन सजीव प्राणियों का लिंग-भेद स्पष्ट है, केवल उन्हीं शब्दों का लिंग-निर्णय हो, बाकी शब्दों का लिंग-निर्णय अवैज्ञानिक है। आज के वैज्ञानिक युग में भी इस तरह की अवैज्ञानिक, अतार्किक एवं पारम्परिक प्रणाली को हमारी भाषा ढो रही है, यह आश्चर्य का विषय है। आचार्य-कुल को मनमानी करने के लिए यह विशाल सम्भावनाओं का क्षेत्र है।

प्रसिद्ध भक्त जीव गोस्वामी के व्याकरण में पुंलिंग और स्त्रीलिंग के बदले क्रमशः पुरुषोतम लिंग और लक्ष्मी लिंग तथा उपसर्ग और सर्वनाम के बदले क्रमशः उपेन्द्र और कृष्णनाम का प्रयोग क्या है? क्या इस व्याकरण की धर्मप्रवणता शाक्त व्याकरणों से कम है जिनमें दस लकारों के नाम क्रमशः यों हैं : काली, तारा, षोडशी, भुवनेश्वरी, भैरवी, छिन्नमस्ता, धूमावती, वगुला, मातङ्गी, कमला ? समय-समय पर व्याकरण की किताबें रंग बदलती रही हैं जैसे जैन साहित्य में वाल्मीकि के राम जैनी हो गये हैं। फ्रांस में प्रायः प्रति दसवें वर्ष व्याकरण में परिवर्तन कर देने की परम्परा रही है। लेकिन हमारे यहाँ तो भाषिक अशुद्धियों को छाँटने के लिए पुराने से पुराने व्याकरणों का हवाला दिया जाता है।

भाषावैज्ञानिकों ने आश्चर्य व्यक्त किया है कि संस्कृत का मूर्धन्य ष, ऋ, क्ष ऐसी ध्वनियाँ हैं जो किसी भी आधुनिक आर्यभाषा के बोलचालवाले रूप में प्रयुक्त नहीं होती हैं। इसका क्या कारण है ? अगर संस्कृत को वर्ण-संकोच की भाषा मान लिया जाय तो इस तथ्य का खुलासा सरलता से हो जाएगा। लैटिन दुओ और भोजपुरी दुइ का मिलान करें तो संस्कृत 'द्वि' का वर्ण-संकोच खुल जाएगा। यूरोप की आर्यभाषाओं और भारत की द्रविड़ भाषाओं के ध्वनितंत्र पर विचार करें तो इन दोनों का पार्थक्य सघोष महाप्राण स्पर्श ध्वनियों को लेकर मिट जाता है। यूरोप के आइसलैण्ड और ब्रिटेन से लेकर अफगानिस्तान तक के विशाल भूखण्ड में कहीं भी घ, ध, भ का प्रयोग नहीं होता है। इधर भारत में गोदावरी-कृष्णा के कूल-कछारों से लेकर कन्याकुमारी तक के भाषायी क्षेत्रों में भी इन ध्वनियों का अभाव है। इसका कारण वैदिक भाषा की प्राचीनता नहीं है, अपितु वहीं वर्ण-संकोच है जो सरस्वती के कूल-कछारों से बहकर उत्तर भारत के मैदानों को आप्लावित कर दिया था। ग्रीक का एलखुस् और भोजपुरी का हलुक का मिलान करें तो संस्कृत 'लघु' का वर्ण-संकोच खुल जाएगा।

यदि संस्कृत 'नासा' को शतम् शाखा का शब्द मान लें तो हिन्दी 'नाक' केन्तुम् शाखा का कैसे हो जाएगा ? दरअसल संस्कृत नासा और हिन्दी नाक एक दूसरे के प्रतिरूप नहीं हैं। इसीलिए रॉल्फ लिले टर्नर नाक की व्युत्पत्ति देने में फँस गये थे जिन्होंने कोई तीस-पैंतीस वर्षों के कठिन परिश्रम के बाद 'नेपाली कोश' लिखा था और अंततोगत्वा एक काल्पनिक शब्द 'नस्क' से नाक का सम्बन्ध स्थापित करके उन्हें संतोष करना पड़ा था। हमें बताया गया है कि मध्य भारतीय आर्यभाषा (प्राकृत) में देशी शब्द के रूप में एक 'णक्क' शब्द प्राप्त है। इसकी विशेष सम्भावना है कि देशी शब्द 'णक्क' के आधार पर संस्कृत शब्द 'नक्र' गढ़ लिया गया हो बशर्ते कि यह बात मान ली जाय कि बाद के साहित्य में प्राप्त यह शब्द भी संस्कृत के प्रभाव से भ्रष्ट हो गया है। संस्कृत नासा/नासिका का सम्बन्ध लैटिन Nasus, ओल्ड इंग्लिश Nosu, अंग्रेजी Nose, अरबी नशिक से है। नाक से नक्र गढ़ने के पीछे मंशा क्या थी ? इससे वर्ण-संकोचन का रहस्य खुल जाता है। बोगाजकोई का 'इन्दर' उर्दू-पंजाबी में स्वीकृत है। पूरबी बोली भोजपुरी में भी इन्दर का चलन है। इन्दर की प्राचीनता पुरन्दर से स्पष्ट है जो कि वर्ण-संकोच के प्रत्येक निशान को सावधानी से न मिटाये जाने के कारण उसी भाषा में रह गया है। कुरु जनपद की शिनाख्त वर्ण-संकोच स्थल के रूप में की गयी है जहाँ से यज्ञ के धुएँ उठकर उत्तरी भारत को आच्छादित कर लिया था।

इस पुस्तक का आमुख भाषा-विज्ञान के उन दुबके पृष्ठों को उलटाने की तैयारी में लिखा गया है जहाँ से इस क्षेत्र में एक नयी एवं खोजी परम्परा की शुरुआत होगी। इस क्षेत्र में काम करनेवाले पूर्ववर्ती विद्वानों की सहायता को सहायक पुस्तकों की सूची में स्वीकार कर लिया गया है। अन्त में मैं कहना चाहूँगा कि मेरे इस अध्ययन से भाषाशास्त्र में यत्किंचित् भी योगदान हो सका तो मैं अपने प्रयास को सार्थक समझूँगा।

दशहरा, 2002 **राजेन्द्र प्रसाद सिंह**

गाँधीनगर, सासाराम

संकेताक्षर-सूची

अं.	अंग्रेजी
अथर्व.	अथर्ववेद
ऋ.	ऋग्वेद
कन्न.	कन्नड़
गी. प्रे.	गीता प्रेस
त.	तमिल
ते.	तेलगू
नि.	निरुक्त
फा.	फारसी
ब्रा.	ब्राह्मण
भाष्य.	भाष्यकार
भो.	भोजपुरी
मनु.	मनुस्मृति
मल.	मलयालम
महा. गी. प्रे. अनु.	महाभारत गीता प्रेस अनुवाद
मा.	मातंगलीला
वि. पु.	विष्णु पुराण
वी. एस. आप्टे	वामन शिवराम आप्टे
सं.	संस्कृत

अनुक्रम

भाषोत्पत्ति, धातु और स्वर

निर्वचनशास्त्री धातु से पीछे लौटने में कई प्रकार के खतरे महसूस करते रहे हैं। भाषा की उत्पत्ति, ध्वनियों का क्रमिक इतिहास जैसी अनसुलझी समस्याएँ आड़े आ जाती थीं। इसीलिए वे अपनी शाब्दिक यात्रा यहीं स्थगित कर देते थे। आगे की यात्रा इतनी तिमिराच्छन्न थी कि उन्हें राह भटकने का अंदेशा था। ऐसी हालत में उनका शास्त्र अपनी नियामक शक्ति खोकर अटकलबाजियों, मिथकीय घटनाओं और काल्पनिक गाथाओं का इतिहास बन जाता। लेकिन निर्वचनशास्त्री पीछे की ओर लौटकर जिस बिन्दु पर अपनी यात्रा रोकते हैं, कतिपय भाषाविद् वहीं से आगे की ओर अपनी यात्रा शुरू कर देते हैं। कारण कि वे भी उन जोखिमों से टकराने की हिम्मत नहीं जुटा पाते। परिणामतः भाषोत्पत्ति के धातु-सिद्धान्त की स्थापना होती है, और फिर यात्रा आगे बढ़ जाती है। इस प्रकार निर्वचनशास्त्रियों का वाक्य से धातुओं तक की शाब्दिक यात्रा और भाषाविज्ञानियों का धातुओं से वाक्य तक की भाषिक यात्रा एक प्रकार से अपने-अपने शास्त्र और विज्ञान की क्रमशः शास्त्रीयता एवं वैज्ञानिकता को बचाने का उपक्रम है जिनमें इन दोनों की अपनी-अपनी विवशताएँ भी शामिल हैं।

धातुएँ तो शब्दों को मथकर निकाली गयी बाद की कृत्रिम एवं परतंत्र भाषिक सत्ताएँ हैं। जैसा कि यास्क की निर्वचन-पद्धति से स्पष्ट होता है यदि शब्दों के प्रत्ययों, उपसर्गों और विभक्तियों को उनसे अलग कर दिया जाए तो जो कुछ शेष रहता है, वही धातु है। ये धातुएँ समान अर्थ-बीज से सम्बद्ध शब्दों में उपादान-रूप से सर्वनिष्ठ रहती हैं। भाषा की ये धातुएँ तरह-तरह से बनी हैं- किसी ने इन्हें बनाया नहीं है, अपने-आप बनी हैं।[1] इन अचर पदों के निर्धारण में हम शब्दों के विविध रूपगत आवरणों (विकारों) को उनसे हटाकर एक प्रकार से उन्हें नंगा करते हैं। इस क्रम में प्रासंगिक रूप से ये धातुएँ भाषा की भाव-प्रकृति अथवा उसके आदिम संस्कार के निकट पहुँचने की सुविधा प्रस्तुत करती हैं वरना धातु विषयक चिन्तन का वास्तविक लक्ष्य निर्वचनशास्त्रीय था गोकि भाषाविद् इसका फायदा उठाकर इनका इस्तेमाल भाषोत्पत्ति में करने लगे।

आधुनिक युग में आद्य भारोपीय वर्णमाला की पुनर्सर्जना में भाषावैज्ञानिकों

ने जो गलती की, ठीक वहीं गलती सूत्र-युग में पाणिनि ने धातुपाठ के संपादन में की। जिस तरह आद्य भारोपीय वर्णमाला पर इस परिवार की तमाम बोलियों के वर्णों का औचित्य आरोपित है, उसी तरह पाणिनि के धातुपाठ पर भी उस समय की भाषा और लोक-जीवन में प्रचलित विभिन्न धातुओं का आरोपण है। उदीच्य, प्रतीच्य और प्राच्य-चारों ओर की धातुओं का जमावड़ा। परिणामतः पाणिनि के इस वृहत्काय संकलन में धातुओं की संख्या एक हजार नौ सौ तैंतालिस हो गयी वरना उपलब्ध वाङ्मय में पाणिनि धातुपाठ की धातुओं में से मुश्किल से एक-चौथाई धातुओं का प्रयोग मिलेगा। शेष धातुओं की एक विपुल राशि संस्कृत का उतराधिकार लेनेवाली भाषाओं में सुरक्षित है।[2] बाकी समय के प्रवाह में बह गयीं।

पाणिनि उस युग के मनीषी थे जिसे भारतीय इतिहास में सूत्रयुग कहा जाता है। यह युग चिन्तन के प्रत्येक क्षेत्र में एक लम्बे विकास के बाद आता है, और भाषा इसका अपवाद नहीं हो सकती। इस स्थिति में संस्कृत धातुओं में से अनेक को एक ही मूल धातु का विकास माना जा सकता है या यों कहें कि एक ही धातु के कई-कई अपभ्रंश मौजूद थे। इसका साक्षी है, कई-कई सादृश्य धातुओं का एक ही अर्थ से जुड़ा होना। यही वजह है कि पाणिनि की बहुत-सी धातुएँ एक ही धातु का रूपान्तर प्रस्तुत करती हैं। बावजूद इसके पाणिनिकालीन धातुओं में भाषा के पैदाइशी संस्कारों का वजूद था जिसका प्रमाण है एक ही धातु के साथ अनेक अर्थों का लिपटा होना।

भारत में पाणिनि के अलावे सर्ववर्मन, जैनेन्द्र, काशकृत्स्न, कातंत्र, हेमचन्द्र, बोपदेव आदि के भी धातुपाठ हैं। इन धातुपाठों की एक सामान्य विशेषता यह है कि कालक्रम के साथ धातुओं की संख्या का विस्तार होता गया है।[3] कारण कि सभ्यता के विकास के साथ समाज को अधिक सूक्ष्म अर्थ-भेदों के लिए उसी अनुपात में धातु से धातु बनाने की आवश्यकता प्रतीत होती है। 'युग्' (जोड़ना) तथा 'युध्' (लड़ना) दोनों वस्तुतः 'यु' (मिश्रण करना या मिलाना) धातु से व्युत्पन्न हुई हैं और यह धातु संस्कृत मे सुरक्षित है। यह उल्लेखनीय है कि 'यु' धातु मूलतः मिलने या मिलाने (मिश्रित) होने के अर्थ में, मित्र भाव से मिलने तथा शत्रु भाव से मिलने दोनों अर्थों में प्रयुक्त हुई है। यही कारण है कि आगे चलकर इसके दो रूप 'युग्' एवं 'युध्' दो अर्थों को स्पष्ट रूप से द्योतित करने के लिए हो गए।[4] सभ्यता के विकास-क्रम के साथ-साथ मनुष्य के सरल मनोभावों का बदलाव किस तरह जटिल मनोविकारों की ओर होता है, और धातुएँ किस तरह उन जटिल मानवीय भावों के साथ अपना तालमेल बैठाती हैं, इसकी गवाही संस्कृत भाषा में एक ही धातु से व्युत्पन्न दो धातुओं की मौजूदगी से मिलती है।

जिस तरह वैयाकरणों ने शब्दमूल की तलाश में धातु और प्रत्यय के भेद को पहचाना और उसके संयोजक घटकों के रूप एवं अर्थ स्थिर किया, उसी तरह उन्होनें मूलध्वनि के संधान में स्वर एवं व्यंजन के भेद को जाना और इस

सिलसिले में उनके प्रयत्न एवं स्थान निश्चित किया वरना भाषा की आदिम अवस्था में स्वर-व्यंजन गड्डमड्ड थे। उच्चारण का कोई अनुशासन नहीं था। इसीलिए आद्य भारोपीय वर्णमाला की पुनर्सर्जना में अकेले क वर्ग के कण्ठोष्ठ्य, कण्ठ्य और तालव्य तीन प्रभेद करके पन्द्रह वर्ण कल्पित कर लिए गए हैं। उच्चारण का अनुशासन ध्वनियों के लिए बंधन है, जैसे छंद कविता का बंधन है- व्याकरण भाषा का बंधन है। लेकिन सहजता तो बंधन से मुक्ति में ही है। यहीं बिन्दु है जहाँ से भाषाविद् अपनी-अपनी नासमझी के कारण दो खेमों में बँट जाते हैं एक वह, जो आदिम अवस्था में भाषिक दृष्टिकोण से भाषा को जटिल मानता है, दूसरा वह जो उस काल में इसे सरल मानता है।

भाषा की आदिम अवस्था में हम अनेकार्थी शब्दों का बाहुल्य पाते हैं, पर्यायों की अधिकता पाते हैं, ध्वनियों की भीड़-भाड़ पाते हैं। इसका कारण आदिम मानस की सहजता है, न कि आदिम भाषा के घटकों की जटिलता। इसकी व्याख्या इसी परिप्रेक्ष्य में की जा सकती है, न कि एफ. मैक्स मूलर की तरह चार्ल्स डार्विन के प्रभाव में।

"प्रारम्भ में इस प्रकार की असंख्य ध्वनियाँ थीं लेकिन अपने संघर्ष कालोपरान्त अनेक असमर्थ ध्वनियों का अस्तित्व ही न रहा। यह ठीक उसी प्रकार हुआ जैसे कि प्रारम्भ में प्रत्येक गुण का प्रतिनिधित्व करनेवाली एक वस्तु के लिए अनेक शब्द आये और अपने अस्तित्व-रक्षण के संघर्ष में गत हो गये।"[5]

इन गड्डमड्ड ध्वनि-गुंफों को एक में जोड़नेवाला रसायन स्वरलहरियाँ थीं जिन पर ये आरूढ़ थे। इन्हीं स्वरलहरियों पर सवार होकर ये ध्वनि-गुंफ अपनी यात्रा पर निकला करते थे, इतनी दूर कि कम से कम एक भाव/भाव-खण्ड संप्रेषित हो जाय। फिर तो इनकी यात्राओं का अनन्त सिलसिला चालू हुआ-उल्टा-सीधा, उर्ध्वाधर, चक्राकार!

जिस प्रकार धातुएँ विकसित भाषा में पाए जानेवाले समान अर्थ-बीज से सम्बद्ध शब्दों के सर्वनिष्ठ अचर पद हैं, ठीक उसी प्रकार उच्चारों में, जिन्हें सामान्य-जीवन में एक ही भाषिक-रूपों से बना समझते हैं, (जैसे, "मैं भूखा हूँ" इस वाक्य के क्रमिक उच्चारों में) स्पष्टतया ध्वनिलहरियों के कुछ अचर अभिलक्षण हैं जो कि इसी भाषिक-रूप के सभी उच्चारों में सर्वनिष्ठ (सामान्य) हैं।[6]

चीनी, बर्मी, एफिक याउंडे आदि तान भाषाओं में ये स्वरलहरियाँ शब्द का अर्थ बदल देने के लिए सीधे-सीधे जिम्मेवार होती हैं। चीनी शब्द 'मा' का एक स्वर में बोलने से 'मेढ़क' अर्थ होगा, दूसरे स्वर में 'पटसन', तीसरे में 'घोड़ा' आदि। ऐसी भाषाओं में कोशार्थ ही नहीं, वरन् व्याकरणार्थ भी परिवर्तित हो जाते हैं। अफ्रीका की याउंडे भाषा में 'मंगायेन्' एक स्वर में भूतकाल का रूप है (मैंने देखा), दूसरे में भविष्य का (मैं देखूँगा)। वर्तमान की अतान भाषाओं में केवल

आश्चर्य, प्रश्न, अनिच्छा, आज्ञा आदि का अतिरिक्त भाव ही इसके माध्यम से आरोपित किया जाता है वरना आदिम अवस्था में इन भाषाओं के केन्द्र में भी तान/सुर रहा होगा। वैदिक संस्कृत में स्वराघात की इतनी अहमियत थी कि सभी संहिताओं, कुछ ब्राह्मणों, आरण्यकों तथा उपनिषदों की पांडुलिपियाँ स्वराघात-चिह्नित मिलती हैं। लेखन के धरातल पर ही नहीं, अपितु उच्चारण के धरातल पर भी इसकी उतनी ही अहमियत थी। स्वराघात के कारण शब्द का अर्थ भी बदल जाता था, जैसा कि 'इन्द्रशत्रु' शब्द में स्वर का गलत प्रयोग करने से वृत्र का नाश हो गया। प्राचीन ग्रीक में भी स्वरों का उपयोग होता था। वहाँ एक्यूट (acute), ग्रेव (grave) तथा सरकम्फ्लेक्स (circumflex) ये तीन सूर थे। अंग्रेजी शब्दों में स्वराघात का महत्व नहीं है क्योंकि उच्चार में विद्यमान स्वराघात के अभिलक्षण अपरिच्छेदक हैं। फिर भी कोई अंग्रेजी वक्ता man (मैन) जैसे शब्द को सर्वथा बिना स्वराघात के अभिलक्षणों के नहीं बोल सकता है। शब्द के उच्चार में कहीं न कहीं स्वराघात अवश्य रहेगा। भाषा के स्वनिम (फोनीम) ध्वनियाँ नहीं हैं, वे केवल ध्वनियों के अभिलक्षण हैं, जिन्हें उत्पन्न करने की वक्ता को और जिन्हें वास्तविक भाषण-ध्वनि में पहचानने की वैसी ही दीक्षा है जैसा कि मोटर-चालक को लाल-संकेत चिन्ह के आगे रोक देने की, चाहे वह बिजली का संकेत हो, चाहे लैम्प या झंडी का, यद्यपि इन वास्तविक संकेतों से पृथक कोई अमूर्त ललाई नहीं होती है।[7]

ध्वनि-संकेतों के उपयोग, स्वर और व्यंजनों के उच्चारण, शब्दों ओर वाक्यों के बलाघात से सम्बन्धित ये विशेषताएँ भाषा का वह अंग हैं जो अपेक्षाकृत कम परिवर्तनशील हैं। दूसरी भाषाओं से हम शब्द उधार लेते हैं और अपनी स्वर-पद्धति के अनुकूल उनका उच्चारण करते हैं।[8] अमेरिका, इंग्लैण्ड और भारत में बोली जानेवाली अंग्रेजी बोलने की अपनी इसी खासियत से अलग-अलग पहचान बनाती है। हिन्दीभाषी प्रदेश का भोजपुरीभाषी अपने बोलने के इसी खास संगीतमय ढंग के कारण अन्यों से अलग हो जाता है।

वुड लिखते हैं :

मैं भी उन्हीं लोगों मे शरीक हूँ जो यह मानते हैं कि भारोपीय धातुएँ एक सिलैबल की थीं।...धातुओं का आद्यक्षर प्रायः स्वर हुआ करता था। स्वर निश्चय ही प्राथमिक उच्चार थे और इसे गो हम भाषा के आरम्भ का समवर्ती नहीं मान सकते फिर भी हम यह अनुभव तो कर सकते हैं कि भाषा उस काल में अपनी बहुत आदिम अवस्था में थी।[9]

संस्कृत धातुओं के समान द्रविड़ भाषा-परिवार की धातुएँ भी एक स्वरिक हैं। द्रविड़ शब्द चाहे जितने लम्बे और संश्लिष्ट हों, बाद को जुड़े हुए अंशों को सावधानी से हटाने पर उनका मूल कोई एक-स्वरिक धातु ही ठहरती है। ऐसे ही चीनी भाषा की मूल धातुएँ एक-स्वरिक हैं, भले ही उनके आधार पर

बहु-स्वरिक शब्दों की रचना हुई हैं। सामी भाषाओं के लिए कहा जाता है कि इनकी धातुएँ त्र्यक्षरात्मक हैं। फ्रांसीसी भाषाविद् अर्नेस्त रेनाँ का कहना है कि सेमेटिक भाषाओं की धातुओं को त्र्यक्षरात्मक बताना वैयाकरणों की गढ़न्त है। तीन अक्षरों में एक अक्षर निर्बल होता है; वास्तव में प्रत्येक धातु में दो मूल अक्षर होते हैं जिनसे एक ही स्वरिक (सिलेबल) बनता है।[10]

ऐतरेय आरण्यक में स्वर को दिन से और व्यंजन को रात्रि से तुलना की गयी है, क्योंकि स्वर व्यंजन के प्रकाशक होते हैं। (2/2/1)। इसीलिए पतंजलि ने स्वरों के केन्द्रीय चरित्र को पूरे वर्णमाला मे रेखांकित किया है स्वयं राजन्त इति स्वरा अन्वग्भवति व्यंजनम् (महाभाष्य 1/2/29)। व्यंजनों के स्वतंत्र उच्चारण प्रायः संभव नहीं होते क्योंकि ये स्वर आधारित हैं। अक्षर लयान्विति है जो एक ही झटके (हृत्स्पंद) में बोला जाता है, और जिसमें कम से कम एक स्वर निहायत जरूरी है। अनुतान तो स्वरों के आरोह-अवरोह का क्रम ही है जो एकाधिक ध्वनियों की भाषिक इकाई के उच्चारण में सुनाई पड़ता है। इस प्रकार धातु, अक्षर, वर्णमाला, और अनुतान में स्वर के केन्द्रीय चरित्र को आसानी से समझा जा सकता है।

वर्णमाला का इतिहास इस बात का साक्षी है कि स्वरों की सूची से समय-समय पर व्यंजनों के खाने में ध्वनियाँ आती गयीं, किन्तु इसके विपरीत कभी भी व्यंजनों की सूची से स्वरों के खाने में ध्वनियों को जाते हुए नहीं देखा गया। संस्कृत व्याकरण में ऋ और लृ स्वरों का भी उल्लेख मिलता है। पाणिनि ने 'ऋलृक्' सूत्र में इनका भी गुम्फन किया है। पाणिनि के भाष्यकारों ने स्वर 'ऋ' के लोप में 'द्विवर्णलोप' मानकर यह संकेत कर दिया है कि इस स्वर का उच्चारण हमारे युग में ही धुँधला गया है। भारत में स्वर ध्वनि 'ऋ' का उच्चारण पहले क्या था, यह बताना मुश्किल है, किन्तु आज उसका उच्चारण व्यंजन का हो गया है और ऋ तथा रि के उच्चारण में कोई तात्त्विक भेद नहीं है। एक प्रकार से स्वर व्यंजन बन गया है। 'लृ' की स्थिति और भी विषम है। 'लृ' का उच्चारण तो 'ल्+र्+इ' हो गया है अर्थात् व्यंजन ही नहीं, संयुक्त व्यंजन बन गया है। यह उस भूमि की घटना है जहाँ हजारों वर्षों तक वेदों को कंठस्थ रखा गया और उनमें एक अक्षर का भी परिवर्तन नहीं होने दिया गया। इसके अलावे संधि के नियमों-उपनियमों की जाँच करने पर हमें पता चलता है कि कोई भी व्यंजन किसी भी ध्वनि से संधि करके स्वर में अपने को तब्दील नहीं करता। इसके ठीक विपरीत कई मामलों में; यथा गुण, यण् और अयादि-स्वर अपने को व्यंजनों में तब्दील करते पाये जाते हैं।

मनुष्य के वाग्यंत्र एक लम्बे अन्तराल के बाद ही ध्वनियों का सटीक, प्रामाणिक एवं मानक उच्चारण के लिए अभ्यस्त हुए होंगे। आज भी भाषा के उच्चारों में ध्वनियों का स्थान-परिवर्तन लक्षित किया जा सकता है। ट वर्ग का

उच्चारण उत्तर भारत में पाणिनि के समय में मूर्धा स्थान से होता था और आज हिन्दी ट वर्ग का उच्चारण वर्त्स स्थान के ठीक ऊपर से होता है। ट वर्ग में ही नहीं, क वर्ग और त वर्ग में भी जिह्वा के इस आगे बढ़ने के झुकाव की गवाही मिलती है।[11] इससे हम सहज ही अंदाजा लगा सकते हैं कि कई हजार वर्ष पहले ध्वनियों के उच्चार में हमारे वाग्यंत्र, विशेषतौर से वागिंद्रय सटीक स्थान, सही प्रयत्न और प्रामाणिक उच्चार की खोज में कितनी भटकी होंगी। आज भी यह भटकाव का सिलसिला जारी है, खासतौर से लोकबोलियों में, बशर्ते कि अब हमारे पास अर्जित और प्रशिक्षित जुबान का आनुकरणिक आधार है।

भाषा अपने बीज-रूप में केवल उच्छ्वास है- कभी गहरा, कभी सामान्य-कृत्रिमता से कोसों दूर। फिर लयात्मक ध्वनि-गुंफों की एक श्रृंखला है कभी परुष, कभी कोमल-स्वर-व्यंजनों के कृत्रिम विभाजन से कोसों दूर। पत्ते और जमीन दोनों ओठ-दाँत विहीन हैं। बाँह की चूड़ियाँ न तो नासिका से वायु निकालती हैं, नहीं उनके उच्चारण-अवयव एक दूसरे को स्पर्श करते हैं। इसीलिए वृक्ष से गिरते हुए पत्ते जमीन पर आकर न 'पत्' की ध्वनि करते हैं, और न बाँह की चूड़ियाँ आपस में टकराकर खन की; वरन् भाषा की एक विकसित अवस्था में हम जो भी ध्वनि/ध्वनि-समूह उस निःसृत ध्वनि की लय में दिमाग में सोचते हैं, वही आवाज होती है। ठीक उसी प्रकार जिस तरह हारमोनियम का संगीत हमारे मस्तिष्क में सोये हुए गीत के साथ समीकृत हो जाता है। पशु-पक्षियों की रति और हर्षाभिव्यक्ति की ध्वनियाँ सुरीली होती हैं एवं आपसी संघर्ष और आहार के लिए छीना-झपटी की ध्वनियाँ परुष होती हैं। फिर भी चहचहाहट के स्वर-व्यंजन एक ही होंगे, केवल उदात्त-अनुदात्त से उनकी व्यंजना भिन्न हो जाती है।[12]

सन्दर्भ-ग्रंथ

1. पं. किशोरीदास वाजपेयी : हिन्दी शब्दानुशासन, नागरी प्रचारिणी सभा, काशी (द्वितीय संस्करण, संवत् 2023); पृ. 397
2. डॉ. विद्यानिवास मिश्र : भारतीय भाषाशास्त्रीय चिन्तन की पीठिका; बिहार राष्ट्रभाषा परिषद्, पटना (विक्रमाब्द 2035, प्रथम संस्करण); पृ. 104-5
3. भगवान सिंह : आर्य-द्रविड़ भाषाओं की मूलभूत एकता; लिपि प्रकाशन, दिल्ली (प्रथम संस्करण, सन् 1973); पृ. 106-7
4. एफ. मैक्स मूलर/ अनु. डॉ. उदय नारायण तिवारी : भाषा विज्ञान; मोतीलाल बनारसीदास, दिल्ली (प्रथम संस्करण, सन् 1970); पृ. 231
5. एफ. मैक्स मूलर, पूर्वोद्धृत; पृ. 337

6. ब्लूमफील्ड/अनु. डॉ. विश्वनाथ प्रसाद : भाषा; मोतीलाल बनारसीदास, दिल्ली (प्रथम संस्करण, सन् 1968); पृ. 84
7. ब्लूमफील्ड, पूर्वोद्धृत; पृ. 88
8. रामविलास शर्मा : भाषा और समाज; राजकमल प्रकाशन, नई दिल्ली (द्वितीय संस्करण, सन् 1977); पृ. 77
9. भगवान सिंह : आर्य-द्रविड़ भाषाओं की मूलभूत एकता; लिपि प्रकाशन, दिल्ली (प्रथम संस्करण, सन् 1973); पृ. 95
10. रामविलास शर्मा, पूर्वोद्धृत; पृ. 106
11. डॉ. बाबूराम सक्सेना : सामान्य भाषाविज्ञान; हिन्दी साहित्य सम्मेलन, प्रयाग (दशम संस्करण, सन् 1995); पृ. 102
12. रामविलास शर्मा, पूर्वोद्धृत; पृ. 64

वेदभाषा की मनोभूमि

यह स्थापना कि हिन्दी भाषा और उसकी समस्त बोलियों की जननी संस्कृत भाषा है, उतना ही गलत है जितना यह कहना कि वेद समस्त ज्ञान का भण्डार है। ये दोनों वेदांध स्थापनाएँ एक ही वर्ग-मानस की उपज हैं, भले ही उनकी व्याख्याएँ अलग-अलग ढंग से की जाती रही हों जैसे कि अतीत के प्रति व्यामोह, प्राचीन संस्कृति या संस्कृत में श्रद्धातिरेक अथवा तथाकथित ब्राह्मणवादी व्यवस्था की साजिश। अतीत तो मोहक उस खास वर्ग के लिए रहा है जिसको उसने अनेकानेक सुविधाएँ दीं वरना उन सुविधाविहीन वर्गों के लिए उसकी क्या अहमियत है जिसने उन्हें केवल तिरस्कारपूर्ण जिन्दगी जीने के लिए विवश किया। उनके लिए तो अतीत सिर्फ इतिहास के पन्नों में ढोने की चीज है, जीवन में उतारने की नहीं। आर्यावर्त्त का अतीत उसका निर्मायक तत्त्व संस्कृति और वाहक तत्त्व भाषा एक खास प्रणाली में विश्वास रखते हैं। इसलिए ऐसी प्रणाली के प्रति व्यामोह अथवा श्रद्धातिरेक उन फायदेमंदों के लिए स्वाभाविक है जो अपने फायदे के एवज में इन गलत स्थापनाओं को सम्पुष्ट करते हैं। बाद के भाषाविज्ञानी इस व्यामोह अथवा श्रद्धातिरेक की बात को तो सहज भाव से स्वीकार कर लेते हैं, परन्तु इसके कारण की व्याख्या के वक्त एकदम चुप्पी साध लेते हैं।

कहा जाता है कि बहिर्साक्ष्य से अन्तःसाक्ष्य का हवाला ज्यादा प्रामाणिक होता है। स्वयं ऋग्वेद अपनी भाषा और साहित्य के बारे में क्या कहता है, यह उसी की जुबान से सुने जाने की जरूरत है। देवताओं ने विभिन्न छंदों के रूप में वाणी की प्रतिरचना की (ऋ. 1/164/23)।* इस वेद-रूप वाणी का अनन्त आकाश मंत्र पढ़नेवाला ब्राह्मण है (ऋ. 1/164/35)।* वाक् चार प्रकार की है, जिसे केवल विद्वान् ब्राह्मण जानते हैं। तीन अव्यक्त हैं, चौथी व्यक्त है और उसे ही मनुष्य बोलते हैं (ऋ. 1/164/45)।* सवाल है कि जिस भाषा को एक खास वर्ग ही पढ़ता, समझता और जानता है, उससे आम जनता को क्या लेना-देना है। ''वैदिक भाषा सामान्य जनो की भाषा न होकर ऋषियों की भाषा थी। यह दैवज्ञों और पुरोहितों की भाषा थी। यह उन थोड़े से लोगों की भाषा थी जिनका दावा था कि वे देव शक्तियों के सम्पर्क में हैं और मंत्र-बल से उन शक्तियों का

आह्वान कर सकते हैं, उनको प्रसन्न करके इष्ट फलों की प्राप्ति और अनिष्ट का निवारण कर सकते हैं। यह सामान्य बोलचाल की भाषा न होकर एक विशिष्ट वर्ग की भाषा थी।"[1]

ताण्ड्य ब्राह्मण का एक आख्यान है कि वाक् देवताओं से रूठकर जल में प्रविष्ट हो गयी। देवताओं ने उससे लौट आने का आग्रह किया। वाक् ने यह शर्त्त रखी कि मैं तुम्हारे साथ चलूँगी, किन्तु यह ध्यान रखना होगा कि मनुष्य मुझे अपवित्र न करने पाएँ। देवताओं ने यह शर्त्त स्वीकार कर ली और तब वाक् देवताओं के पास लौट आयी (ताण्ड्य ब्रा. 6/5/10)। इससे स्पष्ट है कि छान्दस् वाणी यज्ञभाषा थी, आर्षवाणी थी, सामान्य व्यवहार की भाषा से ऊपर की भाषा थी। सामान्य जन से कटी हुई, उसकी समझ से परे। यह सब जान-बूझकर किया गया ताकि आम जनता और पुरोहितों की भाषा के बीच एक फासला बना रहे; और हमें इसके माध्यम से मनमानी करने की छूट मिलती रहे। मध्यकाल के सिद्धों ने वहीं किया जो ऋग्वैदिक काल के दैवज्ञों और पुरोहितों ने किया। कहीं स्पष्ट, कहीं धुँधला। यह एक प्रकार की धुँध है जिसमें उल्टा-सीधा कुछ भी समझा- समझाया जा सकता है। अगर काफी जद्दोजेहद के बाद उन जटिल वाक्य- विन्यासों और पेचीदा ध्वनि-तंत्रों के बीच से शब्द निकल भी जाय तो उसके कई-कई अर्थ भाव खोलने में बाधा पैदा करते हैं। इस जादुई भाषा के पक्ष में हमें बताया जाता है कि वेदों की भाषा सृष्टि-प्रारम्भ की भाषा है, जब गुण-धर्म के आधार पर शब्दों का निर्माण हो रहा था। इसीलिए एक खास गुणधर्मी वस्तुएँ अर्थ के धरातल पर मोटा-मोटी एक ही संज्ञा में गुंफित थीं। कई सहस्त्राब्दियों के गुजर जाने के बाद संज्ञाओं के रूढ़-अर्थ प्रचलित हुए।[2]

एक वैदिक कवि का दावा है कि हमने एक-एक शब्द को विद्वत्गोष्ठियों में बैठकर उसी प्रकार से छाला है जैसे सत्तू को छलनी से छाला जाता है (ऋ. 10/71/2)। कहाँ शब्दविद्या की इस ऊँचाई का दावा, कहाँ सृष्टि-प्रारम्भ की आद्य भाषा। आकाश-पाताल का यह अन्तर इस अन्तर्विरोधी स्थापना का पर्दाफाश करता है कि वेदों की भाषा बिल्कुल आदिम थी, और जिसके एक-एक शब्द में कई-कई अर्थ समाविष्ट थे।

किसी रचना विशेष का प्रेरणास्रोत और उसमें प्रतिबिम्बित संस्कृति किसी न किसी रूप में उसके भाषिक चरित्र को प्रभावित करते हैं। अतएव थोड़ा-सा विषयान्तर करके वैदिक साहित्य के प्रेरक तत्त्व एवं उसमें वर्णित संस्कृति पर विचार कर लेना प्रासंगिक होगा। ऋषियों के मन के भीतर प्रविष्ट वाणी को यज्ञव्यापार ने बाहर प्रकाशित किया (ऋ. 10/71/3)।* तात्पर्य यह है कि यज्ञव्यापार इस रचना का प्रेरक तत्त्व है। परिणामतः वैदिक साहित्य में हमें यज्ञसंस्कृति का बिम्ब मिलता है। आम जनता का ताल्लुक श्रम-संस्कृति से होता है, जो इस साहित्य में उपलब्ध नहीं है। यदि है भी तो यज्ञसंस्कृति से आविष्ट।

कहा गया है कि ऋग्वेद में शब्दों की संख्या 1,53,826 है।[3] किन्तु श्रम-संस्कृति से जुड़े हुए शब्दों के मामले में ऋग्वैदिक शब्द-भण्डार दरिद्र है। श्रम-संस्कृति का एक हिस्सा कृषि पर केन्द्रित शब्दों का उल्लेख यहाँ रोचक है। "ऋग्वेद के कुल 10,462 श्लोकों में से केवल 24 में ही कृषि का उल्लेख है। इनमें से भी अधिकांश उल्लेख क्षेपक माने जाते हैं। संहिता के मूल भाग में तो कृषि के महत्व के केवल तीन ही शब्द प्राप्य हैं- ऊर्दर, धान्य एवं वपन्ति।"[4] कृषि-प्रक्रिया के विवरणों के लिए चर्चित ऋग्वेद के चौथे मण्डल के सम्पूर्ण 57वें सूक्त को भाषावैज्ञानिक क्षेपक बतलाते हैं। इस प्रकार ऋग्वेद में कृषि और कृषि-संस्कृति का चित्रण विरल ही नहीं अपितु नगण्य है। इसकी वजह पशुचारण की तुलना में कृषि का धंधा नगण्य बताया गया है। परन्तु पशुचारण का भी तो स्वतंत्र और सवाक् वर्णन हमें यहाँ नहीं मिलता।

निश्चय ही गो और गो निर्मित शब्दों की संख्या वैदिक साहित्य में ज्यादा है। किन्तु इसी अनुपात में इसके अर्थ भी बहुतेरे हैं। वैदिक कोश में 'गौ' के 22 अर्थ दिये गये हैं। आप्टे ने इसके प्रतिरूप 'गो' के 25 अर्थों का, और 'मानक हिन्दी कोश' ने 29 अर्थों का जिक्र किया है। इसके अलावा 'गो' के पर्याय के रूप में वैदिक साहित्य के अन्तर्गत जितने भी शब्द आये हुए हैं, अधिकांशतः वे कई-कई अर्थों को अपने में समेटे हुए हैं। वैदिक कोश में अघन्या के 6 अर्थ, अर्जुनी के 8 अर्थ, इड़ा के 15 अर्थ, धेनु के 5 अर्थ और रोहिणी के 10 अर्थ दिये गये हैं।** इस प्रकार गो और गो निर्मित शब्दों के आधार पर गो-चारण संस्कृति को इस साहित्य विशेष में प्रमुखता देना खतरे से खाली नहीं है। प्रायः देखा गया है कि किसी खास अंचल की संस्कृति के मूलभूत तत्वों के लिए प्रयुक्त शब्दों के पर्याय वहाँ की बोली जानेवाली भाषा में बहुतायत होते हैं। अरबी की प्राचीन बोलियों में 'ऊँट' तथा उससे संबंधित अन्य शब्दों की संख्या 5744 थी।[5] आज भी अरबी भाषा में ऊँट के लिए 1000 से अधिक पर्यायवाची शब्द हैं। आइसलैंडिक भाषा में द्वीप के लिए सैकड़ों शब्द हैं। भोजपुरी संस्कृति कृषि प्रधान है, और कृषि प्रधान संस्कृति में सुबह का अपना महत्त्व होता है। चौका-चुहान से लेकर खेत-खलिहान तक, गो-दोहन से लेकर गो-चारण तक, बैलों के सानी-पानी से लेकर पनघट के पानी तक सर्वत्र सुबह श्रम-संस्कृति से जुड़ा हुआ मामला है। इतना ही नहीं, सुबह का भी काल-विभाजन और उनके नामकरण इस श्रम-संस्कृति की खासियत है। इसीलिए भोजपुरी में सुबह और उसके आगे-पीछे के समय के लिए बहुतेरे शब्द पाये जाते हैं। अनगुत्ते, अन्हमुन्हारे, किरिन फूटले, झलफलाहे, फजीरे, फरिछ, फह फटले, बिहान, भिनसहरा, भोर, भोरहरिए, मुहलुकान, लोहिये पर, सेकराहे, होत परात, होत मुन्हार आदि भोजपुरी में प्रातःकाल के द्योतक अनेक शब्द पाये जाते हैं, भले ही काल-विभाजन की कसौटी पर उनमें अर्थान्तर हो। इन शब्दों का जमावड़ा किसी

न किसी रूप में भोजपुरी भाषा को श्रम-संस्कृति से जोड़ता है।

किन्तु वैदिक साहित्य का कृषि और गो शब्द किसी भी रूप में श्रम-संस्कृति का प्रतिनिधित्व नहीं करते। "डॉ. अरविन्द के शब्द-संकलन में कुछ आश्चर्यजनक तथ्य हैं। शिव और रुद्र के संयुक्त रूप से 3411 नाम हैं, उनके बाद विष्णु के 1676, इन्द्र के 451, कृष्ण के 441, कामदेव के 287, राम के 129, स्कन्द के 161 और गणेश के 141 नाम हैं। पार्वती, दुर्गा और काली के 900 नाम हैं और लक्ष्मी के 191, सरस्वती के 108, सीता के 65 और राधा के 31 नाम हैं।"[6] शब्दों के ये शोधपरक आँकड़े हमें श्रम-संस्कृति के बजाय धर्म-संस्कृति की ओर ले जाते हैं।

"वैदिक भाषा या छान्दस् के प्रति सामान्य जनों का आस्थाभाव तो सामान्य बोलचाल की भाषा से इसके यथासंभव दूर और दुर्बोध होने पर ही निर्भर करता था। अतः इसका विकास अपने को सामान्य जनों से हर दृष्टि से अधिकाधिक विशिष्ट समझनेवाले एक वर्ग के उदय के साथ जुड़ा हुआ है। एक सर्वथा कृत्रिम भाषा और जीवन-पद्धति को अपनानेवाले, अपने को शेष जनों से अलग रखने वाले, मंत्रों और तंत्रों का सहारा लेनेवाले तांत्रिकों की भाषा के साथ इस भाषा की तुलना करते हुए हम समझ सकते हैं कि वैदिक भाषा यद्यपि सामान्य बोलचाल की ही किसी भाषा का सहारा लेकर गढ़ी गयी थी पर उसे इतना कृत्रिम बना दिया गया था कि अपने समय में भी वह इसकी विशेष शिक्षा से वंचित जनों के लिए बोधग्राह्य नहीं थी।"[7] इस प्रकार वैदिक भाषा एक कृत्रिम और सामान्य जनों के लिए उलझाऊ भाषा है जिसे जान-बूझकर एक विशेष वर्ग ने अपने स्वार्थ की सिद्धि के लिए गढ़ा था। ऐसी हालत में इस भाषा के माध्यम से जनवादी साहित्य का सृजन असंभव है। वैदिक साहित्य का आम जनता के सुख-दुख, आशा-निराशा और मेहनत-मजदूरी से कोई सरोकार नहीं है। यह तो एक मनगढ़न्त भाषा में यज्ञसंस्कृति का वर्णन करनेवाला काव्य है। अतएव हम वेदों को समस्त ज्ञान का भण्डार कैसे कह सकते हैं ?

"हमारा प्राचीनतम साहित्यिक स्रोत ऋग्वेद है, जिसके कुछ भागों की रचना 1000 ई. पू. से पहले हुई थी। शेष वैदिक साहित्य-सामवेद, यजुर्वेद और अथर्ववेद की रचना बाद में हुई।"[8]

"ई. पू. आठवीं-नवीं सदी में ही भारतीयों ने भाषा के शास्त्रीय अध्ययन में आश्चर्यजनक सफलता प्राप्त कर ली थी। विद्वानों का मत है कि इसी काल में विविध शिक्षा-ग्रंथ बने।"[9]

उपर्युक्त दोनों उद्धरणों से यह सहज ही अनुमान लगाया जा सकता है कि सम्पूर्ण वेदों की रचना-प्रक्रिया और संकलन-कार्य की समाप्ति के पूर्व ही इस रहस्यात्मक वाङ्मय का भाव खोलने का प्रयास शुरू हो जाता है।ब्राह्मणों में ही कहीं-कहीं शब्दों के अर्थ समझने का प्रयास किया गया है, यद्यपि यह प्रयास

बहुत कम है। फिर भी मुख्यतः ऐतरेय ब्राह्मण के अध्ययन से यह मामला साफ होता है। पदपाठ में स्वराघातों के साथ-साथ संधि और समासों के आधार पर वाक्य के शब्दों को अलग किया गया है। प्रातिशाख्यों का मूल उद्देश्य अपनी-अपनी संहिताओं का परम्परागत उच्चारण सुरक्षित रखना था। "प्राचीन काल में 'प्रतिशाखा' शब्द का प्रयोग चरण के अर्थ में भी होता था। चरण उस प्रकार की शिक्षा-संस्थाओं (वैदिक विद्यापीठों) को कहते थे, जिनमें वेद की एक-एक शाखा का अलग-अलग अध्ययन-अध्यापन हुआ करता था और जिनके नाम मूल संस्थापकों के नाम पर रखे जाते थे। इस प्रकार, वेद की विभिन्न शाखाओं के लिए अलग-अलग चरण थे और प्रत्येक चरण से सम्बद्ध शाखा, कालान्तर में गुरु-शिष्य परम्परा के क्रम से पुनः अवान्तर शाखाओं या उपशाखाओं में विभक्त होती गयी थीं। उन सबको एक साथ मिलाकर वेदों की कुल शाखाओं की संख्या सामान्यतः 1130 मानी गयी है।××× प्रातिशाख्यों पर आगे चलकर अनेक व्याख्या-ग्रंथ भी लिखे गये, किन्तु वे पर्याप्त उपादेय नहीं हो सके। उनमें मूल को स्पष्ट करने की अपेक्षा और अधिक उलझाकर ही रख दिया गया है।"[10] डॉ. सिद्धेश्वर वर्मा ने 65 शिक्षाग्रंथों का जिक्र किया है जिनका उद्देश्य वेदमंत्रों में ध्वनि के पृथक् तथा संहित रूप में उच्चारण का शुद्ध निर्देश करना रहा है। निघण्टुओं का सम्बन्ध मुख्यतः वैदिक शब्दों से था जिनमें वैदिक शब्दों को इस प्रकार पर्याय क्रम में सजाया गया था कि उनके अर्थ स्वतः स्पष्ट हो जाय। मैकडानेल के अनुसार यास्क के समय में पाँच निघण्टु उपलब्ध थे। आज तो केवल एक ही निघण्टु उपलब्ध है, पर ऐसी आशा की जाती है कि उस समय बहुत से निघण्टु बने।[11] विभिन्न ऋषियों ने निरुक्त नाम से इन निघण्टुओं के व्याख्या-ग्रंथ लिखे। 18 निरुक्तों के उद्धरण महर्षि यास्क ने अपने निरुक्त में दिये हैं। शिक्षा, ज्योतिष, कल्प, व्याकरण, निरुक्त और छंद इन छः वेदांगों की रचना वेदों को समझने-समझाने के लिए ही की गयी थी। इस प्रकार हम देखते हैं कि वेदों के विभिन्न आयामों को खोलने के प्रयास में वैदिक युग और उसके बाद के अधिकांश साहित्य अपनी-अपनी जोर-आजमाइश कर रहे थे। फिर भी वेदों के रहस्यमय मंत्र ब्रह्म की माया की तरह अपना जाल फैलाये जा रहे थे।

वेदों की इस श्लिष्ट भाषा ने विभिन्न विचारधाराओं के लोगों को अपने-अपने हिसाब से अपनी ही ऋचाओं की व्याख्या करने का मौका दिया। सभी ने इनके स्तोत्रों का अपने-अपने पक्ष में इस्तेमाल किया। "वेद-भाषा में एक शब्द के अनेक अर्थ लिये जाते हैं, अर्थात् उसके शब्द बहुत व्यापक आशय रखनेवाले होते हैं, उदाहरणार्थ गौ या गाय (गौ) शब्द का प्रयोग केवल गाय (पशु) के लिए नहीं किया गया है, पर उससे उत्पन्न घी, दूध, दही, गोबर, गोमूत्र, बछड़ा, बछिया आदि सबके लिए प्रयोग में आ सकता है। इसी प्रकार 'अज' का अर्थ बकरा, पुराना अन्न और अजन्मा अर्थात् आत्मा भी माना गया है। इसके सिवा विशेष

उद्देश्यों की पूर्ति के लिए तरह-तरह की जड़ी-बूटियों से हवन करने का भी विधान है और आयुर्वेद के ग्रंथों में बहुसंख्यक जड़ी-बूटियों के ऐसे नाम दिये गये हैं जिनका अर्थ पशु भी होता है जैसे वृषभकन्द नाम की औषधि का नाम केवल वृषभ (बैल) लिखा है। अश्वगंधा का उल्लेख 'अश्व' (घोड़े) के नाम से ही किया गया है। इसी प्रकार कुत्ता घास के लिए 'श्वान'; महिषाक्ष या गुग्गुल के लिए 'महिष'; बाराहीकन्द के लिए 'वाराह'; मूषाकर्णी के लिए 'मूषक'; आदि शब्द लिख दिये गये हैं। फलों और औषधियों के गूदे के लिए 'मांस' शब्द लिखा है। 'भाव-प्रकाश' में एक स्थान पर आम के 'मांस', 'अस्थि', 'मज्जा' का जिक्र किया गया है।xxx इस प्रकार उनके मंत्रों का जहाँ कहीं हिंसात्मक अर्थ किया गया है, वह या तो हिंसावादी सम्प्रदायों द्वारा शब्दों की खींचातानी करके निकाला गया है या शब्दों के अर्थ में भ्रम हो जाने के कारण उत्पन्न हो गया है।"[12] यह वेद मंत्रों की सात्त्विक व्याख्या है। मांसभोजियों की तामसिक व्याख्या भी इसी लहजे में ऐसी ही वजनी दलील देकर पेश की जाती है। सबने अपने-अपने अवलोकन बिन्दु (Point of view) से इन ऋचाओं को देखा जिसकी जड़ में इसकी कृत्रिम, श्लिष्ट और सामान्य जन के लिए दुर्बोध भाषा रही है।

कोई भी इतिहासवेत्ता अपना तथ्य या तो साहित्य से लेता है या तो पुरातत्त्व से। तथ्य सच्चाई या यथार्थ से जुड़ा हुआ मामला है, और इतिहास ऐसे ही तथ्यों के बल से वास्तविक घटना का बयान करता है। उसके आँकड़े प्रामाणिक और ठोस होते हैं। अप्रामाणिक, मनगढन्त और लचीले तथ्यों से इतिहास का निर्माण नहीं होता। वैदिक साहित्य के उलझे शब्द और अर्थ हमें वैदिक युग की एक धुँधली तसवीर पेश करने को बाध्य करते हैं। जिन नदियों को आधार बनाकर इतिहासकार वैदिक युग के भौगोलिक परिवेश एवं आर्यों के प्रसार का भू-भाग तय करते हैं, उन्हीं नदियों की व्याख्या आर्यसमाजी अलग ढंग से करते हैं।

"कुछ विद्वान् वेदों में नदियों का वर्णन सिद्ध कर इतिहास प्रमाणित करने का यत्न करते हैं। ऋग्वेद के दशवें मण्डल के 75 वें सूक्त में उल्लिखित गंगा, यमुना, सरस्वती, शतुद्री, परुष्णी, मरूद्वृधा, वितस्ता, असिक्ती, सुसोमा, अर्जिकिया एवं सिन्धु आदि नामों को वेदों में इतिहास सिद्ध करने हेतु प्रस्तुत करते हैं। इन नामों का स्पष्टीकरण निघण्टु एवं निरुक्त में इस भाँति है

'परुष्णी' पर्ववती भास्वती कुटिल गामिनी (निरुक्त) अर्थात् प्रतिपर्व (पीठ) के मोहरे से नीचे तक गई नाड़ी।

'असिक्ती' अशुक्ल, असिता सितमिति वर्णनाम तत्प्रतिषेधः। (निघण्टु) अर्थात् जो श्वेत या चमकीली नहीं है, उसमें जो रस बहता है, वह वर्णरहित है।

निघण्टु में वितस्ता उस नाड़ी-संस्थान को बतलाया गया है जो सम्पूर्ण शरीर की त्वचा में फैला हुआ है तथा शरीर के ताप को धारण करता है। गंगा, इड़ा, यमुना, पिंगला, सरस्वती, सुषुम्ना नाड़ी का पर्यायवाची है।

सम्पूर्ण नाड़ी-संस्थान का स्पष्टीकरण करते हुए अन्त में 'मेदनामभि प्रसुवन्ति नद्यः सिन्धु स्पन्दनात्।'

अर्थात् सब नदियाँ जिस भाँति सिन्धु में विलीन हो जाती हैं, उसी भाँति समस्त प्राण जिसमें लीन हो जाते हैं वह आत्मा ही सिन्धु है।"[13]

भारत के इतिहास में कौत्स पहला व्यक्ति था जिसने वैदिक मंत्रों को अर्थहीन कहा था, और उसके शब्दों के अर्थ को अस्पष्ट घोषित किया था (नि. 1/15)। किन्तु कौत्स का भी वहीं हश्र हुआ जो बाद में बौद्धों, चार्वाकों और आर्हतों का हुआ। वेद-विरोधी सम्प्रदायों की किताबों को बड़ी ही सावधानी के साथ मटियामेट कर दिया गया। फिर भी इतना तो तय है कि कौत्स का व्यक्तित्व अत्यन्त ही प्रभावशाली और भास्वर था। इस व्यक्ति के प्रभाव को इसी तथ्य से समझा जा सकता है कि वेदों के कट्टर समर्थक यास्क, जैमिनि और सायणाचार्य को भी अपने ग्रंथ की शुरुआत में ही इसका स्थान देना पड़ा, और अपनी स्थिति को पुनःस्थापित करने के लिए उसकी आपत्तियों को अनुचित करार दिया गया। बदले में गलत-सही स्थापनाएँ स्थापित की गयीं। वैदिक मंत्रों को अर्थवान् सिद्ध करने के लिए यास्क ने अपनी स्थापना दे दी है कि वेदों के शब्द बोलचाल की भाषा के शब्दों के समान हैं (नि. 1/16)। यह कितनी विडम्बना है कि जिन वैदिक शब्दों को दुर्बोध हो जाने की वजह से यास्क निरुक्त की रचना कर रहे थे, उसीको उसी ग्रंथ में बोलचाल की भाषा के शब्दों के समान बता रहे हैं। वास्तव में यास्ककाल में वैदिक शब्द दुर्बोध नहीं हए थे वरन् ऐसी ही हालत में उसे गढ़े गये थे।

"कौत्स एक विश्रुत विद्वान् था, वह महान् व्यक्तित्व-सम्पन्न व्यक्ति था या किसी दार्शनिक सम्प्रदाय का व्याख्याता था, जिसके विचारों की उपेक्षा नहीं की जा सकती थी।"[14] यही कारण था कि वेदानुयायियों को भी अपनी रचनाओं में उसे पहले ही स्थान देना पड़ा वरन् उनकी कृति अधूरी रह जाती। यह उन लोगों की लाचारी थी वरना जिस ढंग से कौत्स के सिद्वान्तों को भारतीय इतिहास में दफन किया गया उससे इस तरह का प्रश्रय देने की आशा नहीं की जा सकती है।

"ऋषियों ने मंत्र-रचना की। 'ऋषि' कहते हैं 'द्रष्टा' को, जिसे सब कुछ दिखाई दे। यहाँ 'दिखाई देना' वह साधारण चीज नहीं है, जो पामर से पामर जनों को ही नहीं, पशु-पक्षियों को भी प्राप्त है! तब ऋषित्व क्या? 'दर्शन' या 'देखना' वह, जो साधारण जनों से बहुत दूर की चीज है। प्राकृत (साधारण) जनों की समझ ही कितनी! असाधारण ज्ञान रखनेवाले सुसंस्कृत महामनीषियों ने हमें वेद-साहित्य दिया। निश्चय ही साधारण (प्राकृत) जनों की अपेक्षा ऋषि (संस्कृत) जनों की व्यवस्था में, रहन-सहन में, बोल-चाल में, सभी बातों में कुछ अन्तर समझा जा सकता है।" [15] स्पष्ट है कि ऋषियों (मंत्रकारों) की भाषा और संस्कृति

सामान्य जनों से भिन्न थी। वाजपेयीजी जिन ऋषियों को असाधारण कहते हैं, वे भी पहले साधारण जनों की ही श्रेणी में थे। " 'अर' धातु का अर्थ है 'भूमि कर्षण करना, हल चलाना'। इसके लैटिन में 'ar-are', ग्रीक में 'ar-oun', आयरिश में 'ar', लिथुआनीय में 'ar-ti', रूसी में 'ora-ti', गॉथिक में 'ar-jan', ऐंग्लो-सैक्सन में 'er-ian' तथा आधुनिक अंग्रेजी में 'to ear' रूप मिलते हैं।"[16] यहीं 'अर्' धातु कृषि में भी है और ऋषि में भी। "जिस प्रकार 'कृष्' का सम्बन्ध खींचने से है उसी प्रकार से 'ऋष्' का सम्बन्ध भेदन से, रेखा खींचने से होता है। यह धातु भी कृष् के अर्थ में प्रयुक्त हो सकती है। यदि यह अर्थ स्वीकार हो तो ऋषि का बहुत सीधा अर्थ निकलता है किसान।"[17] किन्तु वैदिक ऋषियों का सम्बन्ध कृषि से कट चुका था। उनका सम्बन्ध एक अनुत्पादक कर्म यज्ञ और स्तुति से स्थापित हो चुका था। इसीलिए उनकी मनोभूमि साधारण जनों से अलग थी। उनकी भाषा और संस्कृति का विकास सामान्य जनों को दरकिनार करके इसी मनोभूमि पर हुआ था।

वाजपेयीजी का मानना है कि मंत्रद्रष्टाओं को दिव्यदृष्टि प्राप्त थी। वे सब कुछ देख सकते थे। लेकिन साधारण जनों के चर्ममय चक्षु से सब कुछ नहीं देखा जा सकता है। इसका सीधा अर्थ है कि ऋषियों ने जो देखा और कहा है, वह स्पष्ट है। साधारण जनों की दृष्टि में ही गड़बड़ी है, उनकी समझ ही कमजोर है। यह तो वेदभाषा के सम्बन्ध में वहीं स्थापना है जो उसके रचनाकार चाहते थे। हम भिन्न हैं तुग न हमारी भाषा समझ सकते हो, न हमारे काव्य के मर्म को जान सकते हो क्योंकि तुम्हारी दृष्टि दिव्य नहीं है, न ही तुम्हारी समझ विकसित है। यह मन्तव्य एक ऐसे भाषावैज्ञानिक का है जिन्होनें बहुत ही दृढ़ता से इस धारणा का खण्डन किया कि हिन्दी का उद्‌भव संस्कृत भाषा से नहीं है, वह भी जो हमें वेदों में उपलब्ध है।

सन्दर्भ-ग्रंथ

* तारांकित ऋचाओं का भाष्य डॉ. विद्यानिवास मिश्र की पुस्तक 'भारतीय भाषाशास्त्रीय चिन्तन की पीठिका' से उद्‌धृत है जो बिहार राष्ट्रभाषा परिषद्, पटना (विक्रमाब्द 2035, प्रथम संस्करण) से प्रकाशित है।

1. भगवान सिंह : आर्य-द्रविड़ भाषाओं की मूलभूत एकता; लिपि प्रकाशन, दिल्ली (प्रथम संस्करण, सन् 1973); पृ. 118
2. नाथूराम गुप्त : वेद और जीवन; सार्वदेशिक प्रकाशन लि., नई दिल्ली (प्रथम संस्करण, सं. 2035 वि0); पृ.7
3. कैलाश वाजपेयी : विराट वैदिक साहित्य (आलेख); हिन्दुस्तान, 27 जून, 2001

4. सं. द्विजेन्द्र नारायण झा एवं श्रीमाली : प्राचीन भारत का इतिहास; हिन्दी माध्यम कार्यान्वय निदेशालय, दिल्ली विश्वविद्यालय, दिल्ली (द्वादश संस्करण, सन् 1993); पृ. 123

**प्रयुक्त कोशों का विवरण :

(i) सं. पं. चन्द्रशेखर उपाध्याय एवं अनिल कुमार उपाध्याय : वैदिक कोश; नाग प्रकाशक, दिल्ली (प्रथम संस्करण, सन् 1995)

(ii) सं. वामन शिवराम आप्टे : संस्कृत-हिन्दी कोश; मोतीलाल बनारसीदास पब्लिशर्स प्रा. लि., दिल्ली (द्वितीय संस्करण, सन् 1969)

(iii) सं. रामचन्द्र वर्म्मा : मानक हिन्दी कोश; हिन्दी साहित्य सम्मेलन, प्रयाग (द्वितीय संस्करण, सन् 1991)

5. एफ. मैक्स मूलर/अनु. डॉ. उदयनारायण तिवारी : भाषा-विज्ञान; मोतीलाल बनारसीदास, दिल्ली (प्रथम संस्करण, सन् 1970); पृ. 335
6. खुशवंत सिंह : देवी-देवताओं का कोश (आलेख); हिन्दुस्तान, 18 मार्च, 2000
7. भगवान सिंह, पूर्वोद्धृत; पृ. 119
8. रोमिला थापर : भारत का इतिहास; राजकमल प्रकाशन, नयी दिल्ली (बारहवें संशोधित संस्करण का पेपरबैक, सन् 1991); पृ. 25
9. डॉ. बाबूराम सक्सेना : सामान्य भाषाविज्ञान; हिन्दी साहित्य सम्मेलन, प्रयाग (दशम संस्करण, सन् 1995) ; पृ. 202
10. डॉ. अनन्त चौधरी : हिन्दी व्याकरण का इतिहास; बिहार हिन्दी ग्रन्थ अकादमी, पटना (प्रथम संस्करण, सन् 1972); पृ. 13-14
11. भोलानाथ तिवारी : भाषाविज्ञान; किताब महल, इलाहाबाद (अठारहवाँ संस्करण, सन् 1986); पृ. 509
12. सं. पं. श्रीराम शर्मा आचार्य : ऋग्वेद (प्रथम खण्ड); संस्कृति संस्थान, बरेली (संशोधित संस्करण, सन् 1999); पृ. 25-26
13. गुप्त, पूर्वोद्धृत ; पृ. 10-11 (उपोद्घात)
14. लक्ष्मण सरूप : निघण्टु तथ निरुक्त; मोतीलाल बनारसीदास, दिल्ली (प्रथम संस्करण, सन् 1967); पृ. 72 (निरुक्त, हिन्दी भाषान्तर)
15. पं. किशोरीदास वाजपेयी : हिन्दी शब्दानुशासन; नागरी प्रचारिणी सभा, काशी (द्वितीय संस्करण, संवत् 2023); पृ. 2
16. एफ. मैक्समूलर, पूर्वोद्धृत ; पृ. 222
17. रामविलास शर्मा; भाषा और समाज, राजकमल प्रकाशन, नयी दिल्ली (दूसरा संस्करण, सन् 1977); पृ. 152

मगध के प्रति आर्यों का दृष्टिकोण

ऋग्वेद में तकरीबन 25 नद-नदियों का जिक्र है जिसमें सर्वाधिक चर्चित नद सिन्धु रहा है। गंगा, यमुना और सरयू का ऋग्वेद में बहुत ही विरल प्रयोग है। "सरयू नाम की प्रसिद्ध नदी तो कोसल जनपद में है किन्तु पच्छिमी अफगानिस्तान की हरिरूद नदी भी, जिसके किनारे हेरात बसा है, प्राचीन ईरानी भाषा में हरयू कहलाती थी जो संस्कृत सरयू का रूप है।"[1] इस संहिता में यमुना का वर्णन केवल तीन बार और गंगा का केवल एक बार आकस्मिक रूप से आया है। ऐसे ही इसमें हिमालय का वर्णन तो है परन्तु विन्ध्य, अरावली, सतपुड़ा, दक्षिण का पठार आदि के विषय में कोई उल्लेख नहीं है। इससे स्पष्ट है कि ऋग्वेद काल में तथाकथित आर्य दक्षिण भारत, गंगा-यमुना के दोआब और उससे पूरब की ओर नहीं बसे थे।

वैदिक युग से ही बिहार प्रांत का मगध-क्षेत्र अनार्यों की भूमि होने के नाते उपेक्षित और बदनाम रहा है। अथर्ववेद में कई बार कहा गया है कि मगध और अंग में रोग फैले :

गन्धारिभ्यो मूजवद्भ्योऽङ्गेभ्यो मगधेभ्यः।
प्रैष्यन् जनमिव शेवधितक्मानं परि दद्मसि।।

(अथर्व. 5/22/14)

ऋग्वैदिक कीकट का समीकरण कर्नल बिलफोर्ड ने मगध तथा सोन के पश्चिमी क्षेत्र से किया है (एशियाटिक रिसर्चेज, खंड 9, पृ. 91)। यादव प्रकाश के वैजयन्ति कोश (भूमिकाण्ड 31) में तो कीकट को मगध का पर्याय बताया गया है। इन कीकटवासियों के प्रति ऋग्वैदिक आर्यों की क्या धारणा थी, यह निम्नलिखित श्लोक से स्पष्ट है :

किं ते कृण्वन्ति कीकटेषु गावो नाशिर दुहे न तपन्ति धर्मम्।
आ नो भर प्रमगन्दस्य वेदो ननैचाशाखं मघवन् रन्धया नः।।

(ऋ. 3/53/14)

(हे इन्द्र! 'कीकट' लोग जो कि अनार्य हैं, वे गौओं का क्या उपभोग करते हैं

? वे न तो दुग्ध ही प्राप्त करते हैं, न घृत ही निकालते हैं। हे इन्द्र! उन गौओं को हमारे पास ले आओ, अधिक धन प्राप्त करने की आशा से धन उधार देनेवालों के धनों को भी हमें प्राप्त कराओ।)

यास्क ने कीकट की व्युत्पत्ति करते हुए लिखा है,"कीकटाः किंकृता। किं क्रियाभिरिति प्रेप्सा अर्थात् इन्हें कीकट इसलिए कहते हैं कि वह वैदिक कर्म करते देख तिरस्कारपूर्वक बोलता है कि उन्होंने क्या किया है? या उनकी मान्यता है कि धार्मिक कृत्य व्यर्थ हैं (नि. 6/32)।" सायण 'कीकट' की व्याख्या नास्तिक के रूप में करता है जिसे कोई विश्वास नहीं है तथा कहता है 'यज्ञ, धार्मिक कृत्य, दान तथा आहुतियों से क्या लाभ? खाओ, पीओ क्योंकि इसके अतिरिक्त अन्य कोई लोक नहीं है।' "Critic शब्द का मूल कीकट ही जाना पड़ता है। यज्ञादि कर्मों की आलोचना या निन्दा करनेवाले पहले से ही होते आये हैं और आज भी हैं। 'कर्मकीट' शब्द का मेल भी कीकट से है। पाली में कीकट शब्द का पर्याय उस स्थान के अर्थ में मिलता है जहाँ बैल काटे जाते हैं। ऐसे स्थान को आज भी 'टिकटी' कहते हैं।"[2]

ऋग्वेद में कीकट के साथ-साथ 'मगन्द' की भी चर्चा है (ऋ. 3/53/14), जो मगध का ऋग्वैदिक प्रतिरूप है। ये वस्तुतः अध्यात्मवाद (वैदिक) न माननेवाले अधिभौतिकवादी थे जो ब्याज पर धन चलाते थे। यास्क ने 'मगन्द' का व्युत्पत्तिक अर्थ 'ब्याज लेने वाला या विषयासक्त या नपुंसक या स्वयं को क्षीण करनेवाला या निम्न जाति में उत्पन्न' किया है (नि. 6/32)। आप्टे ने मगध की व्युत्पत्ति में 'मगं दोषं दधाति वा मग+धा+क' को उद्धृत किया है।[3] वैदिक कोश में इसका एक अर्थ 'दोषयुक्त कुपथ्यकारी' दिया गया है।[4] इससे साफ है कि मगध और कीकट की व्युत्पत्ति आर्यवादी दृष्टिकोण से की गयी है और यह सही भी हो सकती है क्योंकि ये दोनों नामकरण तथाकथित पश्चिम से आनेवाले आर्यों ने किया। स्वयं इस प्रदेश के निवासी अपने इस पवित्र मातृभूमि को किस संज्ञा से अभिहित करते थे, इसका कोई साक्ष्य हमारे पास उपलब्ध नहीं है; तथापि यह तय है कि ये दोनों बाह्यारोपित हीनार्थक नाम यहाँ के मूलवासी प्रयोग में नहीं लाते रहे होंगे। निश्चित तौर पर पालि भाषा और साहित्य अपनी प्रकृति और तेवर में वैदिक साहित्य से भिन्न है जिसमें इस भू-भाग की संस्कृति लिपटी हुई है। फिर भी पालि साहित्य इसके नामकरण पर पुनर्विचार नहीं कर सका क्योंकि उसका भी भाषिक संस्कार संस्कृत की चपेट में आ गया था। "यदि हम अशोक के शिलालेखों आदि की भाषा का तुलनात्मक अध्ययन करें तो पाएँगे कि इनकी पालि भी सामान्य बोलचाल की पालि नहीं है, यह एक ही भाषा है जिसका प्रभाव धार्मिक आग्रहों के कारण बढ़ा था और जो इस समय तक अपनी आंचलिक विशेषताओं का परित्याग करके स्वयं एक संस्कृताश्रयी भाषा बन चुकी थी और इसी में अशोक ने अपने शिलालेख अपने पूरे साम्राज्य में लिखवाए।"[5]

लेकिन पालि साहित्य में कीकट का अर्थ-संकोच यह साबित करता है कि यह पूरा भू-भाग अपने को कीकट नहीं मानता था। जिसके पास जुबान है, वह बेजुबानों को इसी तरह से रौंदता है। उसका नामकरण अपने हिसाब से करता है, भले ही उसकी प्रतिष्ठा दाव पर लग जाय। अपने को पवित्र एवं विशुद्ध माननेवाली जाति जिसके पास शास्त्र और साहित्य का बल है, किस तरह शास्त्र-साहित्य विहीन जाति को लांछित करती है, इसके गवाह ये दोनों शब्द हैं। यहाँ शब्द बाद में बनते हैं, व्युत्पत्ति की जुगत सोचकर पहले ही भिड़ायी जाती है। मगध के 'मग' को **तमिल**-मग (पुत्र; पुत्री), **मल्तो**-मकॅ (लड़का), **आयरिश**-मक् (पुत्र), **गोलिक**-मक् (पुत्र), **ग्रीक**-मगॉस् (ईरान का एक कबीला), **लैटिन**-मुगस् (विद्वान्; जादूगर) का प्रतिरूप मान भी लिया जाय तो भी इस स्थापना पर कोई फर्क नहीं पड़ता कि नस्लपरस्त आर्यों ने इस शब्द को लांछित किया अथवा इसकी प्रतिष्ठा को गिराया। 'मग' ईरान से भारत आये अथवा भारत से ईरान गये, इस पर विवाद हो सकता है किन्तु इस तथ्य को खारिज नहीं किया जा सकता है कि मगध का नाम पूरे आर्य साहित्य में काली-सूची के अन्तर्गत दर्ज है।

आर्यों के लिए मगध एक प्रतिबंधित क्षेत्र था, तभी तो वे इस वर्जित इलाके में जाना पसन्द नहीं करते थे। ''देवलस्मृति के अनुसार अंग, बंग, कलिंग और आन्ध्रदेश में जाने पर प्रायश्चित करने को लिखा गया है। अन्यत्र इस सूची में मगध भी शामिल है। जो मनुष्य धार्गिक कृत्य को छोड़कर मगध में अधिक दिनों तक रह जाय तो उसे गंगा-स्नान करना चाहिए। यदि ऐसा न करे तो उसका पुनः यज्ञोपवीत संस्कार हो तथा यदि चिरकाल वास हो तो उपवीत के बाद चान्द्रायण भी करने का विधान है।''[6] उन्हें मगध में जीना क्या, मरना भी पसन्द नहीं था क्योंकि यह मान लिया गया था कि 'मगह में मरने पर मुक्ति नहीं होती है।' उन्हें इस क्षेत्र की सभी चीजों से नफरत थी।

मगध की भाषा कर्णकटु थी (तैत्तरीय ब्रा. 3/4/11)। यहाँ के वासिन्दों का उच्चारण अशुद्ध था (ताण्ड्य ब्रा. 17/4)। इस क्षेत्र की अपेक्षा कुरु-पांचाल की भाषा शुद्ध, आदर्श एवं मानक थी (शतपथ ब्रा. 3/2/3/15) क्योंकि उदीच्य प्रदेश में भाषा बड़ी सावधानी और विज्ञता से बोली जाती थी, इसलिए भाषा सीखने के लिए लोग उदीच्य जनों के पास जाते थे (कौषितकि ब्रा. 7/6)। वास्तव में प्राच्य का प्रदेश प्राकृत-भाषी था जिसकी वजह से संस्कृत का शब्दानुशासन यहाँ गड़बड़ था जैसा कि पतंजलि की चिन्ता से यह बात साफ होती है। लेकिन संस्कृत संसार की सभी भाषाओं की धुरी नहीं है। इसलिए संस्कृत को केन्द्र मानकर किसी भाषा-विशेष पर अनर्गल टिप्पणी नहीं की जा सकती है। जैसे कभी धार्मिक स्थापनाओं में पृथ्वी को ब्रह्माण्ड की धुरी मान ली गयी थी, ऐसे ही कभी भाषिक स्थापनाओं में संस्कृत को सभी भाषाओं की

धुरी मान ली गयी थी। दरअसल धार्मिक पूर्वग्रहों के कारण दूसरे क्षेत्रों में भी की गयी कई स्थापनाएँ इसी तरह से गलत हुआ करती हैं चाहे भूगोल हो अथवा भाषा।

धर्म और भाषा के बीच कोई सीधा सम्बन्ध नहीं होता है वरना भोजपुरी-भाषी क्षेत्र का मुसलमान भोजपुरी क्यों बोलता ? लेकिन यहाँ की धर्मपरस्त शक्तियों ने भाषा और धर्म के बीच भी एक सीधा रिश्ता कायम किया है। इस मामले में कोई भी धर्म किसी से कम नहीं है। प्राचीन भारत के सभी धर्मों ने भाषा के इस बन्दरबाँट में बढ़-चढ़कर हिस्सा लिया है। वेदानुयायियों ने वेदभाषा को सभी भाषाओं का स्रोत माना है। ऋग्वेद में तो यहाँ तक कहा गया है कि जिस ओजस्विनी वाणी को देवगण दीप्त करते हैं, उसी वाणी को पशु बोलता है (8/100/11)। यह ठीक वही दृष्टिकोण है जिसे बाद में जैन विद्वानों ने अपनी भाषा के पक्ष में इस्तेमाल किया है और यह स्थापना दे दी है कि अर्द्धमागधी केवल मनुष्यों की ही मूलभाषा नहीं है, बल्कि सभी प्राणियों की मूलभाषा है, जब महावीर स्वामी इस भाषा में उपदेश देते थे तो क्या देवयोनि के लोग और क्या पशु-पक्षी, सभी उस उपदेश का रसास्वादन करते थे। कुछ ऐसी ही बेहोशी की हालत में थेरवादी बौद्धों ने भी पालिभाषा को सभी जीवों की मूलभाषा मान बैठा है यानी मनुष्यों से लेकर पशु-पक्षियों तक की भाषाओं की उत्पत्ति पालिभाषा से हुई है।

आर्यों को यहाँ के लोग भी पसन्द नहीं थे, तभी तो यजुर्वेदसंहिता में नरमेध की बलि सूची में व्रात्यों को भी शामिल किया गया है (वाजसनेय सं. 30/8; तैत्तरीय ब्रा. 3/4/5/1)। महाभारत में भी व्रात्यों को महापातकियों में गिना गया है (महाभारत 5/35/46)। मागधों और कारुषों की तरह व्रात्यों का भी मुख्य निवास मगध था। पूर्वी क्षेत्र की ये तीनों जातियाँ वर्णसंकर के खापे में आती थीं। आर्यों के मन में इन जातियों के प्रति घृणा थी हालाँकि व्रात्य लोग भाषा की दृष्टि से आर्य थे। इसीलिए व्रात्यों को वैदिक वर्ण-व्यवस्था में लाने के लिए 'व्रात्य स्तोम' का विधान किया गया था। इन पश्चिमी आर्यों को प्राच्यों की भाषा, धर्म, रीति-रिवाज और रहन-सहन-सब कुछ नापसन्द था क्योंकि बंग, ब (म) गध और चेरपादों ने वैदिक यज्ञक्रिया का सरेआम उल्लंघन किया था, इसलिए उन्हें कौआ या वायस कहा गया है (ऐतरेय ब्रा. 2/1/1)।

लेकिन जैन और बौद्ध परम्परा की किताबों में मगध के प्रति इस आर्यवादी दृष्टिकोण में बदलाव आ गया है। पालि साहित्य में मगध, उसके निवासियों और उसकी राजधानी गिरिव्रज के सम्बन्ध में विस्तृत-वृतान्त मिलता है। बौद्ध-साहित्य से पता चलता है कि मगध प्रांत की अधिकांश आबादी गाँवों में बसती थी। यहाँ के गाँव सुखी थे। बौद्धकाल में मगध जनपद के अन्तर्गत कोई 80,000 गाँव थे (विनयपिटक 1/179)। इससे यह निष्कर्ष नहीं निकाला

जा सकता है कि इस भू-भाग में शहरों का अभाव था। आधुनिक पटना और गया जिला तथा शाहाबाद का कुछ हिस्सा मगध में पड़ता था। कहना न होगा कि भारत का दूसरा नगरीकरण इसी पूर्वी क्षेत्र से शुरू होता है जैसा कि कभी इस देश का पहला नगरीकरण इसके पश्चिमोत्तर प्रांत में हुआ था। इस नगरीकरण के परिणामस्वरूप यहाँ के शहरों में शिल्पी और वणिक आकर बसते गए, जातक-कथाओं से इसका खुलासा हो जाता है। मगध के पुरातात्त्विक साक्ष्य भी यहाँ की समृद्धि की गवाही देते हैं। "धातु के सिक्के सबसे पहले गौतम बुद्ध के युग में मिलते हैं। इन मुद्राओं की सबसे पुरानी निधियाँ (होड्‌र्स) पूर्वी उत्तर प्रदेश और मगध में मिली हैं।"[7] पालि ग्रंथों में इस क्षेत्र में उपजनेवाले नाना प्रकार के धानों और धनखेतों का वर्णन है। पूर्वी भारत के इस इलाके के खेत अधिक उपजाऊ थे (थेरगाथा 208)। इस प्रदेश का पैदा होने वाला मुख्य अनाज चावल था। शायद इसीलिए चावल शब्द का पहला प्रयोग हमें प्राकृतों में मिलता है। जैन आचार्य हेमचंद्र कृत 'परिशिष्ट पर्व' में मगध का वर्णन अपूर्व है जिसकी रचना ईसा की बारहवीं शताब्दी में हुई थी। "जम्बू द्वीप में भारत के दक्षिण भाग में मगध देश पृथ्वी का भूषण है। यहाँ के झोंपड़े गाँवों के समान हैं, गाँव नगर के समान हैं तथा नगर अपने सौन्दर्य के कारण सुरलोक को भी मात करते हैं। यद्यपि धान्य यहाँ पर एक ही बार बोया जाता है और कृषक काट भी लेते हैं तो भी यह घास के समान बार-बार बढ़ कर छाती भर का हो जाता है। यहाँ के लोग संतोषी, निरामय, निर्भय और दीर्घायु होते हैं। मानो सुसमय उत्पन्न हों। यहाँ की गौ सुरभि के समान सदा दूध देती हैं। इनके थन घड़े के समान बड़े होते हैं और इच्छानुसार रात-दिन खूब दूध देती हैं। यहाँ की भूमि बहुत उर्वरा है तथा समय पर वर्षा होती है। यहाँ के लोग धार्मिक व सक्रिय होते हैं। यह धर्मगृह है।"[8]

रोजी-रोटी की तलाश एवं जनसंख्या के दबाव ने आर्यों को और पूरब की ओर बढ़ने के लिए बाध्य किया। लेकिन अपने ही बुने हुए मकड़जाल में आर्य फँस गये क्योंकि पूर्वी क्षेत्र को उन्होंने अपने निवास के लिए अपवित्र घोषित कर दिया था। फिर भी उनके पास समृद्ध साहित्यिक परम्परा थी, शास्त्र था, अग्नि थी, यज्ञ के धुएँ थे। अपवित्र को पवित्र करने की कला उनके पास मौजूद थी जैसा कि विदेह माथव ने अपने पुरोहित गौतम राहुगण के संग अग्नि वेश्वानर को लेकर मिथिला में किया था। पूर्वी क्षेत्र को कब्जे में लेने के लिए एक नयी राह निकाली गयी। पुराण रचे गये। नयी-नयी स्थापनाएँ स्थापित की गयीं। पहले सुविधाजनक स्थानों पर कब्जा करो, फिर पूरे भू-भाग में पसरो। कर्मनाशा पूरब की ओर आर्य अभियान की कभी आखिरी नदी थी। उत्तर प्रदेश और बिहार की सरहद पर बहनेवाली इस नदी को पुराणों में त्रिशंकु की लार से उत्पन्न बतलाया गया है। प्राचीन काल के कर्मनिष्ठ आर्य ब्राह्मण इस नदी

को पार करके मगध जाना निषिद्ध समझते थे। किन्तु समय ने पलटा खाया और आर्य कर्मनाशा के पार गये। "सारे मगध (कीकट) को विष्णु पुराण में अपवित्र बताया गया है, केवल चार स्थानों को छोड़कर, जहाँ ब्राह्मण धर्म पर अधिकांश लोगों की आस्था अडिग रूप से बनी रही थी। एतद्विषयक श्लोक प्रसिद्ध है कि :

कीकटेषु गया पुण्या, पुण्यं राजगृहम् वनम्।
च्यवनस्याश्रमं पुण्यं, नदी पुण्या पुनः पुनः।।"[9]

कालक्रम से यहाँ के पवित्र स्थानों में वृद्धि होती गयी। बैकुण्ठ, लोहदण्ड, गृद्धकूट तथा शोणक भी पवित्र स्थानों की श्रेणी में आ गये।[10] इस प्रकार धीरे-धीरे पूरा मगध पश्चिमी आर्यों का गुलाम हो गया। सुविधाजनक स्थानों को कब्जे में लेकर पूरे पूर्वी प्रदेश को गुलाम बनाने की जिस साम्राज्यवादी राह की खोज पश्चिम के इन आर्यों ने की थी, उसीका अनुगमन आधुनिक काल में अंग्रेजों ने किया था।

तुलसीदास ने अपने रामचरितमानस को वेद-पुराण-सम्मत कहा है "नाना पुराण निगमागम संम्मतं....."। सम्पूर्ण तुलसी साहित्य में वेद तथा उनके पर्यायवाची शब्दों का इस्तेमाल 362 बार हुआ है। इससे हम सहज ही अनुमान कर सकते हैं कि वेद और पुराणों की छाया से तुलसीदास को बचना कितना कठिन था।

बसि कुसंग चह सुजनता ताकि आस निरास।
तीरथहू को नाम भो गया मगह के पास।।

(दोहावली, गी.प्रे., दोहा सं. 362)

(कुसंगति में रहकर जो सज्जनता की उम्मीद करता है, उसकी आशा निराशा मात्र है। मगध के पास बसने से पवित्र विष्णुपद तीर्थ का नाम भी 'गया' (गया-बीता) पड़ गया।)

वेद और पुराणों में वर्णित मगध की लांछित धारणा तुलसी के मस्तिष्क में कुण्डली मारकर बैठी हुई थी। सगुणभक्ति में तीर्थस्थल का जो माहात्म्य है, वह सर्वविदित है। परिणामतः गया की व्युत्पत्ति में तुलसीदास से चूक हो गयी। साहित्यिक गलियारे में भले ही इसे श्लेष से फायदा उठाकर अपनी मनचाही बात को कहना कहा जाय किन्तु निर्वचनशास्त्र इसे स्वीकार नहीं करेगा। तुलसी का 'गया' जिसका अर्थ 'जो बहुत ही बुरी हालत में हो यानी गया-गुजरा' है, संस्कृत-गत, प्राकृत-गअ और अपभ्रंश-गअल का प्रतिरूप है। जिस काल में गया नगर की स्थापना हुई थी, उस समय 'गया' शब्द का विकास ही नहीं हुआ था जो हिन्दी 'जाना' क्रिया का भूतकालिक एकवचन का रूप है।

सन्दर्भ-ग्रंथ

1. वासुदेव शरण अग्रवाल : पाणिनिकालीन भारतवर्ष; मोतीलाल बनारसीदास, बनारस (प्रथम संस्करण, 2012 वि.); पृ. 53
2. सं. पं. चन्द्रशेखर उपाध्याय एवं अनिल कुमार उपाध्याय : वैदिक कोश-भाग1; नाग प्रकाशक, दिल्ली (प्रथम संस्करण, सन्1995); पृ. 446-447
3. सं. वामन शिवराम आप्टे : संस्कृत-हिन्दी कोश; मोतीलाल बनारसीदास पब्लिशर्स प्रा. लि, दिल्ली (द्वितीय संस्करण, सन् 1969); पृ. 759
4. उपाध्याय : पूर्वोद्धृत; भाग 2 पृ. 1021
5. भगवान सिंह : आर्य-द्रविड़ भाषाओं की मूलभूत एकता; लिपि प्रकाशन, दिल्ली (प्रथम संस्करण, सन् 1973); पृ. 127
6. डॉ. देवसहाय त्रिवेद : प्राङ्मौर्य बिहार; बिहार राष्ट्रभाषा परिषद्, पटना (प्रथम संस्करण, सन् 1954); पृ. 79
7. रामशरण शर्मा : प्राचीन भारत; राष्ट्रीय शैक्षिक अनुसंधान और प्रशिक्षण परिषद्, नई दिल्ली (संस्करण, जून 1999); पृ. 125
8. त्रिवेद, पूर्वोद्धृत; पृ. 80
9. डॉ. रामप्रकाश शर्मा : मिथिला का इतिहास; कामेश्वर सिंह दरभंगा संस्कृत विश्वविद्यालय, दरभंगा (प्रथम संस्करण, सन् 1979); पृ. 50
10. राणाप्रसाद शर्मा : पौराणिक कोश; ज्ञानमण्डल लिमिटेड, वाराणसी (द्वितीय संस्करण, सन् 1986); पृ. 111

मागधी प्राकृत का सच

मागधी प्राकृत का सच भाषाविज्ञान की कई गलत-सही स्थापनाओं की धुँध से आवृत है। इसको अनावृत करना बड़ा जोखिम और जीवट का काम है क्योंकि इसका सरोकार संस्कार, संस्कृति एवं इतिहास से है। इसमें संस्कार सबसे खतरनाक चीज है। कारण कि संस्कृति एवं इतिहास का बोध इसी से दिशा और दृष्टि प्राप्त करता है। संस्कार का गहरा सम्बन्ध व्यक्तित्व से है, और ये दोनों चीजें किसी न किसी रूप में पारम्परिक स्थापनाओं को उलटने में हस्तक्षेप करती हैं। इसलिए मागधी प्राकृत का सच तलाशने के पहले इन वशीकरण तथा सम्मोहन की शक्तियों से दूर होना होगा क्योंकि इन शक्तियों का अनावश्यक दबाव इसके तटस्थ मूल्यांकन को स्थगित करके एकपक्षीय दावों की ओर घसीटता है।

भाषा और संस्कृति की अलग पहचान एवं जातीय श्रेष्ठता की मनोग्रंथि के कारण वैदिक आर्यजनों में मगध के प्रति जिस दूषित सोच, समझ तथा बोध का जन्म हुआ, उसका प्रभाव बहुत बाद तक भारतीय साहित्यिक परम्परा में बना रहा। आर्यों से भिन्न जातियों एवं सांस्कृतिक और भाषिक पृष्ठभूमि के लोगों के लिए अनासः (नासिका रहित अर्थात् चपटी नाकवाले), अयज्वन् (यज्ञ न करनेवाले) तथा मृध्रवाचः (कटु वाणी वाले) जैसे विशेषणों का प्रयोग किया जाना इनके मानसिक भू-गर्भों को खोलता है। मगध के प्रति इस लांछित धारणा का कुप्रभाव भाषिक स्थापनाओं में भी देखा जा सकता है। मागधी प्राकृत की मनगढ़न्त अवधारणा उन्हीं स्थापनाओं में से एक है।

मागधी प्राकृत में कोई भी स्वतंत्र रचना नहीं मिलती है। संस्कृत नाटकों में निम्न श्रेणी के पात्र इसका प्रयोग करते हैं। सवाल है कि जिस भाषा का प्रयोग किसी गीत की टेक अथवा अन्तरा में किया जा सकता है उसका प्रयोग पूरे गीत के लिए क्यों नहीं किया जा सकता है ? जरूर कोई बात है, जिसकी पड़ताल होनी चाहिए। बाह्लीकी, ढक्की, शाबरी तथा चांडाली इसके जातीय रूप थे। मागधी के इन जातीय रूपों का नामकरण ही इस बात का पुख्ता प्रमाण है कि इस प्राकृत पर एक नस्लपरस्त दृष्टि आरोपित की गयी है ताकि आर्य संस्कृति के हाशिये पर जीनेवाली मगध की धर्मभ्रष्ट जातियों के लिए संस्कृत के

समानान्तर एक कृत्रिम भाषा कायम की जा सके।

मार्कण्डेय ने 'प्राकृत सर्वस्वम्' में कोहल का मत उद्धृत किया है- 'राक्षसभिक्षुक्षपणक- चेटाद्या मागधी प्राहुः' अर्थात् मागधी प्राकृत राक्षसों, भिक्षुओं, क्षपणकों, दासों आदि के द्वारा बोली जाती है। 'साहित्यदर्पण' 81 में वर्णित है कि मागधी नपुंसकों, किरातों, बौनों, म्लेच्छों, आभीरों, शकारों, कुबड़ों आदि द्वारा बोली जाती है। 'दशरूप' 2,60 में लिखा गया है कि पिशाच और नीच जातियाँ मागधी बोलती हैं। 'सरस्वती-कण्ठाभरण' का मत है कि नीच स्थिति के लोग मागधी प्राकृत काम में लाते हैं।[1]

किसी समाज में निम्न श्रेणी और उच्च श्रेणी के लोगों की भाषा अलग-अलग हो तो इन दोनों श्रेणियों के बीच संवाद कैसे कायम होगा ? अगर इन दोनों श्रेणी के लोग एक-दूसरे की भाषा जानते और समझते हों किन्तु वे एक-दूसरे की भाषा बोलते नहीं हों तो यह निश्चित है कि इस प्रकार की भाषागत विभेदता बाहर से थोपी गयी है। अलंकारशास्त्र के लेखकों ने यह स्थापना दी है कि नाटकों में स्त्रियों का वार्तालाप शौरसेनी प्राकृत में कराया जाना चाहिए। यह नाट्यशास्त्र की रूढ़ियाँ हैं। इसीलिए संस्कृत नाटकों में माँ प्राकृत बोलती है, बेटा संस्कृत बोलता है। लिंग के हिसाब से किसी समाज की भाषा नहीं बदलती है, न ही जाति और धर्म से किसी भाषा का कोई लेन-देन है। वर्ण-व्यवस्था के आधार पर भाषा को वैसे ही आरोपित किया जा सकता है जैसे शिक्षा ग्रहण करने के लिए अलग-अलग वर्णों की अलग-अलग उम्र तय कर दी जाय। मागधी प्राकृत निम्न श्रेणी के पात्रों पर ऊपर से थोपी गयी है, इसलिए इसकी कृत्रिमता स्पष्ट है।

बोलियों में पायी जानेवाली विभिन्नताओं का आधार जनपद अथवा अलग-अलग भाषायी क्षेत्र होता है। आधुनिक बोलियों से इसकी पुष्टि हो जाती है। कुरु जनपद के लोग कौरवी बोलते हैं। ब्रजमण्डल के लोग ब्रजभाषा बोलते हैं। ऐसा नहीं है कि कुरु जनपद का ब्राह्मण ब्रजभाषा बोलता हो और शूद्र कौरवी अथवा ब्रजमण्डल का पुरुष ब्रजभाषा बोलता हो और स्त्रियाँ कौरवी। फिर मध्यकाल की प्राकृतें इस नियम के अपवाद कैसे हैं ? निश्चय ही इसका रहस्य समाज की सीढ़ीनुमा व्यवस्था में छिपा हुआ है, भले ही इस व्यवस्था का आधार कुछ भी रहा हो।

भाषा के आधार पर व्याकरण रचा जाता है, व्याकरण को रचकर भाषा नहीं बनायी जाती है। मागधी प्राकृत का व्याकरण रचने के बाद यह भाषा बनायी गयी है। इसीलिए प्राकृत भाषाओं के व्याकरण लिखनेवाले सभी आचार्यों ने संस्कृत को मूल भाषा माना है। वररुचि से लेकर हेमचन्द्र और मार्कण्डेय तक-सभी आचार्य इसी धुरी के चारो ओर नाचते-घूमते रहे हैं। प्राकृत भाषा का एक भी व्याकरण ऐसा नहीं है जो प्राकृत को आधार मानकर प्राकृत भाषा में लिखा गया

हो। संस्कृत के ढाँचे में कतिपय ध्वनिगत विकार पैदा करके मागधी प्राकृत गढ़ी गयी है।

इसका मतलब यह नहीं है कि भारत का मगध क्षेत्र भाषाविहीन था अथवा यहाँ की जनता के पास जुबान नहीं थी बल्कि जिस मागधी प्राकृत का नमूना संस्कृत नाटकों और व्याकरणों तथा अलंकारशास्त्र की पुस्तकों में मिलता है, वह संस्कृत के तर्ज पर गढ़ा हुआ है। इसलिए कि संस्कृत और इस प्राकृत का मुख्य भेद ध्वनि-सम्बन्धी है जबकि संस्कृत और आधुनिक भाषाओं का भेद ध्वनितंत्र, शब्दतंत्र और रूपतंत्र को लेकर है।

ऐसी हालत में यह माना जाना चाहिए कि जिस मागधी प्राकृत से हम मागधी-उत्पन्न आधुनिक भाषाओं और बोलियों की उत्पत्ति को जोड़ते हैं, वह साहित्यिक मागधी नहीं है बल्कि बोलचाल की मागधी है जिसके नमूने आज उपलब्ध नहीं हैं। इसीलिए डॉ. विश्वनाथ प्रसाद ने लिखा है, ''साहित्यिक प्राकृतों से आधुनिक प्रादेशिक अथवा जनपदीय बोलियों के विकास को समझने के बजाय, यदि हम बोलियों का ही सूक्ष्म अध्ययन करके प्राचीन प्राकृतों के स्वरूपों की रूपरेखाएँ निर्धारित करने का प्रयास करें, तो वह अधिक सार्थक होगा।''[2] कारण कि साहित्यिक प्राकृतें कृत्रिम हैं जो तत्कालीन जनपदीय बोलियों का हूबहू प्रतिनिधित्व नहीं करती हैं। इसलिए प्राकृतों से आधुनिक बोलियों की ओर बढ़ने में कई खतरे हैं जिन्हें आधुनिक बोलियों से पीछे की ओर लौटकर टाला जा सकता है।

ऐसी बात नहीं है कि मागधी प्राकृत की रचना बिल्कुल शून्य में की गयी है बल्कि इसे इस क्षेत्र की बोलियों की कतिपय पुरानी विशेषताओं का आधार प्राप्त है। इसीलिए मागधी प्राकृत इस क्षेत्र की जनपदीय बोलियों की एक झलक दिखाती है। प्राकृत में लिखे गये शिलालेखों की भाषा भी इसका अपवाद नहीं है। स्पष्ट है कि शिलालेखों और साहित्यिक ग्रंथों में प्रयुक्त प्राकृत भाषाएँ संस्कृत का रूपान्तर है, और यह रूपान्तर सबसे अधिक ध्वनितंत्र को लेकर है। दूसरे शब्दों में हम कह सकते हैं कि मागधी प्राकृत संस्कृत के ही रूपतंत्र एवं शब्दतंत्र में यहाँ की जनपदीय बोलियों में मौजूद कुछ ध्वनितंत्रों का फेर-फार है।

इससे यह निष्कर्ष नहीं निकाला जा सकता है कि संस्कृत यहाँ की मूल भाषा थी और कभी यह यहाँ के आम जनों द्वारा बोली जाती थी बल्कि संस्कृत भी सामान्य बोलचाल की ही किसी भाषा का सहारा लेकर गढ़ी गयी थी। इसलिए संस्कृत और प्राकृत भाषाएँ वास्तव में कृत्रिम एवं साहित्य की भाषाएँ हैं जिन्हें यहाँ की जनपदीय बोलियों का आधार प्राप्त है। ''प्राकृत भाषाएँ वास्तव में कृत्रिम एवं काव्य की भाषाएँ हैं, क्योंकि इन भाषाओं को कवियों ने अपने काव्यों के काम में लाने के प्रयोजन से, बहुत तोड़-मरोड़ और बदल दिया। किन्तु वह

इस अर्थ में तोड़ी-मरोड़ी हुई या कृत्रिम भाषाएँ नहीं हैं कि हम यह समझें कि वे कवियों की कल्पना की उपज हों। इनका ठीक वही हिसाब है जो संस्कृत का है, जो शिक्षित भारतीयों की सामान्य बोलचाल की भाषा नहीं है और न इसमें बोलचाल की भाषा का पूरा आधार मिलता है; किन्तु अवश्य ही यह जनता के द्वारा बोली गई किसी 'भाषा' के आधार पर बनी थी और राजनीतिक या धार्मिक इतिहास की परम्परा के कारण यह भारत की सामान्य साहित्यिक भाषा बन गई।''[3]

भाषावैज्ञानिकों का मानना है कि बाँग्ला, उड़िया, असमिया तथा बिहार की बोलियों की उत्पत्ति मागधी प्राकृत एवं अपभ्रंशों से हुई है। इतने विस्तृत एवं व्यापक भू-खण्ड में केवल एक ही भाषा मागधी प्राकृत बोली जाती होगी, यह सम्भव नहीं है। मागधी प्राकृत की कई बोलियाँ पहले भी प्रचलित थीं जिसका खुलासा प्राकृत व्याकरणों के अध्ययन से हो जाता है। बाह्लीकी, ढक्की, शाबरी, शाकारी, चाण्डाली जैसी कई बोलियाँ इस विस्तृत भू-खण्ड में बोली जाती थीं। ''इसमें नाममात्र का संशय नहीं कि मागधी एक भाषा नहीं थी; बल्कि इसकी भिन्न-भिन्न बोलियाँ स्थान-स्थान में बोली जाती थीं। यही कारण है कि **क्ष** के स्थान पर कहीं **हक** और कहीं **श्क**, **र्थ** के स्थान पर कहीं **स्त** और **श्त**, **ष्क** के स्थान पर कहीं **स्क** और कहीं **श्क** लिखा मिलता है। हमें मागधी में वे सब बोलियाँ सम्मिलित करनी चाहिए, जिनमें ज के स्थान पर य, र के स्थान पर ल, स के स्थान पर श लिखा जाता है और जिनके अ में समाप्त होनेवाले संज्ञा के अन्त में अ के स्थान पर ए जोड़ा जाता है।''[4]

यदि आधुनिक प्रादेशिक भाषाओं और बोलियों पर ध्यान दिया जाय तो यह स्पष्ट हो जाएगा कि सम्पूर्ण मागधी भाषायी क्षेत्र को छोड़ भी दिया जाय तो केवल बिहार की बोलियों में ही अलग-अलग बोलियों के लक्षण मिलते हैं। ''मगही की वर्तमानकालिक अन्य पुरुष सहायक क्रिया का रूप 'हे' है, जो मागधी समुदाय की अन्य बोलियों के 'बाटे' या 'बा' या 'बाँटे' और 'अछि', 'छै' से भिन्न हिन्दी 'है' के अनुरूप है। यह 'हे' भारत-यूरोपीय 'अस्' से व्युत्पन्न है; जबकि भोजपुरी 'बाटे' या 'बा' और बँगला 'बाँटे' वृत्-वर्त्तते से तथा उड़िया 'अछ', मैथिली 'अछि', 'छै' क्षि से। मैथिली, मगही और भोजपुरी-बिहार की इन तीन बोलियों में प्रयुक्त ये एक क्रिया के तीन रूप न होकर ये तीनों क्रियाएँ हैं जिनका प्रयोग एक-से सन्दर्भों में होता है। यह क्रिया भी ऐसी है जिसका व्यवहार भाषा में सर्वाधिक होता है। अतः एक ही मागधी प्राकृत की सत्ता पूरे मागधी-उत्पन्न भाषायी क्षेत्रों में नहीं थी।''[5] केवल भोजपुरी के वर्तमानकाल की सहायक क्रियाओं पर ध्यान केन्द्रित किया जाय तो तुरन्त पता चलेगा कि इसमें बाटे या **बा** तथा **हवे** या **ह** ये दोनों रूप समान रूप से चलते हैं। इसलिए इतने विस्तृत भू-खण्ड एवं उसमें अस्तित्वमान् मध्यकालीन एवं आधुनिक विभिन्न बोलियों की

विभिन्नताओं को देखते हुए मागधी प्राकृत की सार्वभौमिक सत्ता में सन्देह होता है।

मागधी प्राकृत के साहित्यिक एवं बोलचाल के रूप को अलग किये जाने की जरूरत है। बोलचाल की प्राकृतें संस्कृत से पुरानी हैं जबकि साहित्यिक प्राकृतें संस्कृत के बाद की भाषाएँ हैं। इसीलिए नमिसाधु ने इसे प्राचीन भाषा मानकर प्राकृत की व्याख्या प्राक्-कृत के रूप में किया है। ऐसी स्थिति में यह माना जा सकता है कि संस्कृत भाषा में शब्द सीधे प्राकृत भाषाओं से गये हैं। इसलिए जब उसे संस्कृत रूप दिया गया तो शब्द न बदलकर उस शब्द की केवल ध्वनियाँ बदली गईं। ध्वनि- परिवर्तन प्राकृतों से संस्कृत में हुआ है। प्राकृतों ने संस्कृत का रूप लिया है। प्राकृतों के रूप सहज में उच्चरित होते थे और संस्कृत तो सीखनी पड़ती थी।[6] प्राकृत शब्दों का संस्कृत में रूपान्तरित करने की सबसे महत्त्वपूर्ण तकनीक थी- वर्ण-संकोच। वर्ण-संकोच की प्रवृत्ति वैदिक संस्कृत में भी है, लौकिक संस्कृत में भी। वैदिक संस्कृत और अवेस्ता के बीच जैसा सम्बन्ध है, वैसा ही सम्बन्ध संस्कृत और प्राकृतों के बीच है। प्राकृतों में ध्वनिपरिवर्तन करने से वे संस्कृत बन जाती हैं। चूँकि संस्कृत को मूल मान लिया गया है इसलिए प्राकृत के शब्द तद्‌भव हो गये हैं वरना ऐसी हालत में प्राकृत के शब्द तत्सम होंगे और संस्कृत के शब्द तद्‌भव होंगे।

सन्दर्भ-ग्रंथ

1. आर. पिशल/अनु. डॉ. हेमचन्द्र जोशी : प्राकृत भाषाओं का व्याकरण; बिहार राष्ट्रभाषा परिषद्, पटना (प्रथम संस्करण, सन् 1958); पृ. 44
2. रामविलास शर्मा : भारत के प्राचीन भाषा परिवार और हिन्दी, खण्ड–1; राजकमल प्रकाशन, नयी दिल्ली (प्रथम संस्करण, सन् 1981); पृ. 153
3. आर. पिशल, पूर्वोद्धृत; पृ. 8
4. वही, पृ. 48.
5. रामविलास शर्मा, पूर्वोद्धृत; पृ. 152
6. डॉ. राजमल बोरा : भारत की प्राचीन भाषाएँ; हिन्दी माध्यम कार्यान्वय निदेशालय, दिल्ली विश्वविद्यालय (प्रथम संस्करण, सन् 1999); पृ. 49

मागधी और भोजपुरी का रक्त-सम्बन्ध

मागधी और भोजपुरी के रक्त-सम्बन्ध की जाँच करना कठिन काम है, इसलिए कि मागधी प्राकृत के नमूने जो आज उपलब्ध हैं, वे संस्कृत के तर्ज पर गढ़े गये हैं। इसका असली सम्बन्ध जिस मागधी प्राकृत से है उसके नमूने आज उपलब्ध नहीं हैं यद्यपि उसके कुछ खास लक्षण साहित्यिक मागधी में मौजूद हैं। साहित्यिक मागधी में 'ज' के स्थान पर 'य', 'र' के स्थान पर 'ल', 'स' के स्थान पर 'श' का प्रयोग और संज्ञा शब्दों के अन्त में 'अ' के स्थान पर 'ए' का जोड़ा जाना उन्हीं कुछ खास लक्षणों के प्रभावस्वरूप हैं।

'ज' की जगह 'य' का प्रयोग मागधी प्राकृत की खास विशेषताओं में से एक रही है। भोजपुरी में 'ज' के बदले 'य' का प्रयोग नहीं होता है गोकि इसके विपरीत 'य' के बदले 'ज' का प्रयोग सामान्य है। भोजपुरी के किसी भी शब्द की शुरुआत 'य' से नहीं होती है। विस्मयबोधक शब्दों को इसका अपवाद बताया जाता है। 'य' ध्वनि की जगह स्वरों अथवा 'ज' का वैकल्पिक इस्तेमाल इस भाषा में ज्यादा होता है। फिर भी यह दावा करना कि 'य' ध्वनि का प्रयोग इस भाषा से बिल्कुल बहिष्कृत है, गलत होगा क्योंकि भोजपुरी शब्दों के बीच या अन्त में इसका प्रयोग देखने को मिल जाता है।

भोजपुरी की तरह बँगला में भी 'य' को 'ज' के रूप में ग्रहण किया जाता है, जहाँ ऐसा नहीं होता, वहाँ उनके स्थान पर स्वरों का व्यवहार होता है। असमिया में भी ज, य, ह्य के स्थान पर सामान्यतः एक जैसी ध्वनि (ज) का उच्चारण किया जाता है। उड़िया भाषा में दो विशिष्ट ध्वनियाँ हैं, उनका उच्चारण अधिक आवृत्ति पर लिया जाता है- मूर्द्धन्य 'ळ' तथा 'य' का भिन्न रूप।[1] स्पष्ट है कि मागधी-प्रसूत भाषाओं में भोजपुरी से लेकर बँगला और असमिया तक 'य' की स्थिति कमजोर है। केवल उड़िया इस ध्वनि के अस्तित्त्व की ओर प्रबल संकेत करती है।

मागधी प्राकृत की दूसरी सबसे बड़ी विशेषता है केवल 'श' का प्रयोग। भोजपुरी में 'श' का प्रयोग बिल्कुल नहीं होता है। पूरबी अपभ्रंश में 'श'-'स' दोनों हैं। जाहिर है कि मागधी प्राकृत का उतराधिकार लेनेवाली भाषाएँ मध्यदेशीय 'स' से प्रभावित होती गयी हैं। यह प्रभाव इतना प्रबल रहा है कि मगध क्षेत्र की

भाषाओं में बोलचाल के स्तर पर 'श' का लोप हो गया है। कैथी लिखावट में केवल तालव्य 'श' का ही प्रयोग इस तथ्य की पुष्टि करता है कि कभी भोजपुरी-भाषी क्षेत्र में भी मागधी प्राकृत की तरह 'श' का एकच्छत्र राज्य था। बँगला में आज भी है।

अशोक के प्राच्य अभिलेखों में 'श' का प्रयोग नहीं हुआ है। पूर्वी भाषा अशोक की राजभाषा थी। राजभाषा और राज्यादेश की कुछ शर्तें होती हैं। सम्भवतः 'श' का उच्चारण ग्राम्य माना जाता था जिसकी पुष्टि संस्कृत नाटकों से होती है। शुतनुका का शिलालेख भी अशोक के समकालीन है। यह अभिलेख राज्यादेश नहीं है अपितु एक व्यक्ति विशेष की एक खास वस्तु की प्राप्ति के लिए कामना है। यह अभिलेख मिर्जापुर के रामगढ़ पर्वत की जोगीमारा गुफा में है जिसमें मागधी प्राकृत की कई विशेषताओं के साथ-साथ केवल 'श' का प्रयोग हुआ है। पश्चिम मिर्जापुर का जिला आज भी भोजपुरी और अवधी की सरहद है। कभी कीकट की सीमा भी वहाँ तक पहुँचती थी।

पश्चिम के ब्राह्मण वसिष्ठ और पूरब के क्षत्रिय विश्वामित्र की अनबन का उल्लेख ऋग्वेद में मिलता है। विश्वामित्र ने रुष्ट होकर वसिष्ठ को 'यातुधान' (राक्षस) कहा था। यहाँ हम देखते हैं कि पश्चिम के प्रतिनिधि वसिष्ठ के नाम में 'स' है, वहीं पूरब के प्रतिनिधि विश्वामित्र के नाम में 'श' है। वसिष्ठ शुद्ध है, वशिष्ठ अशुद्ध है। इसका मूल वसु है जिसके तालव्यीकरण का पता हमें इसके ईरानी प्रतिरूप 'वहिश्त' से भी चलता है जहाँ 'स' का 'ह' और 'ष' का 'श' हो जाता है। विश्वामित्र का 'विश्व' शब्द भी तालव्यीकरण का उदाहरण है जैसा कि इसके रूसी प्रतिरूप 'वेस्' (सब) से स्पष्ट है। पूरबी क्षेत्र के सम्पर्क में सम्भवतः विश्वामित्र पहले आये, इसलिए उनके नाम में 'श' पहले जुड़ गया जैसा कि ऋग्वेद की ऋचाओं में आये उनके नामों से स्पष्ट होता है। लेकिन वसिष्ठ का वशिष्ठ रूप तो बाद की संस्कृत में ही बन पाया। "संस्कृत में ऐसे अनेक शब्द हैं जिनमें पहले दन्त्य 'स्' का व्यवहार होता था, अन्य प्रभाव से उसका तालव्यीकरण हुआ। यह प्रभाव किस भाषा-समुदाय का था ? भारतीय जनपदों की भाषायी स्थिति पर ध्यान देने से प्रतीत होता है कि ऐसा केन्द्र जिसमें तालव्य श् के प्रति एकान्त आग्रह हो, पूर्व में था। इस कारण यह मानना समीचीन है कि मध्यदेशीय दन्त्य स् वाले शब्दों में तालव्य श् की प्रतिष्ठा मागधी प्रभाव का परिणाम है।"[2] जैसे वैदिक संस्कृत में 'र' और 'ल' का वैकल्पिक प्रयोग देखने को मिलता है वैसे 'स' और 'श' का भी। रोचक तथ्य यह है कि इन दोनों युग्मों का वैकल्पिक प्रयोग बाद की संस्कृत में बढ़ता गया है। 'ल' और 'श' मागधी प्राकृत की विशिष्ट ध्वनियाँ हैं।

विश्वामित्र के सिर्फ ध्वनि-रूप पर ही नहीं अपितु इसके संधि-रूप पर भी मागधी का प्रभाव है। विश्वामित्र का सही नाम 'विश्वमित्र' रहा होगा। यहाँ संस्कृत

के संधि-नियमों का उल्लंघन है, सत्यानाश की तरह। भोजपुरी लोककथाओं का एक बहुचर्चित एवं रोमांचकारी पात्र 'दानव-दूत' को भोजपुरी वाले 'दानवादूत' कहते हैं, ठीक वैसे ही जैसे 'विश्व-मित्र' को 'विश्वामित्र' कहने लगे। "ऐ. ब्रा. 29/5 में तथा ऐ. आ. 1/2/2 में विश्वामित्र में षष्ठी तत्पुरुष माना गया था : विश्वस्य ह वै मित्रम्। फिर सम्भव है, लोगों को खटका हो कि तब तो समस्त शब्द पुंलिंग नहीं, नपुंसक हो जायेगा। अतः, ऐ. आ. 2/2/2 में इसे बहुव्रीही मान लिया गया यदस्येदं विश्वं मित्रमासीत्, यदिदं किं च, तस्माद् विश्वामित्रः।"[3] विश्वामित्र में चाहे षष्ठी तत्पुरुष माना जाय, चाहे बहुव्रीही माना जाय, इतना तो तय है कि समास में संधि के नियमों का पालन होता है। "संस्कृत में मगध की गणभाषा का प्रभाव सन्धि रूपों में स्वीकृत है। रामः के बाद अपि आए तो विसर्ग ओकार में बदल जाएँगे और अकार का लोप हो जायेगा। दोनों शब्दों की संधि होने पर रामोपि रूप बनेगा। इसी प्रकार कः और अपि का संयोग होने पर कोपि रूप बनता है। यदि हिन्दी कोई इसी कोपि का विकास है तो यह शब्द हिन्दी को मागधी परम्परा की देन है।"[4]

ऊष्म वर्णों (श, ष, स) की दृष्टि से मागधी प्राकृत का केन्द्रीय चरित्र 'श' था। आज केवल बँगला में 'स' और 'ष' का उच्चारण 'श' के रूप में होता है वरना भोजपुरी 'श' और 'ष' को 'स' में तथा असमिया 'श', 'ष' तथा 'स' को 'ख़' में बदल देती है, जो अरबी-फारसी ध्वनि 'ख़े' के समान है। असमिया में 'च' और 'छ' के स्थान पर 'स' का उच्चारण मिलता है और जब कभी विशेष स्थिति में श, ष तथा स का भी संघर्षी उच्चारण करना हो तो 'स' का उच्चारण किया जाता है। उड़िया में भी दन्त्य स का ही अधिक प्रयोग किया जाता है। इससे यह नहीं माना जा सकता है कि मागधी-प्रसूत भाषाओं का 'श' काल्पनिक है।

ऐसा होता है कि किसी भाषा-विशेष से कोई ध्वनि उच्चारण की दृष्टि से बाहर हो जाती है किन्तु लेखन के स्तर पर बनी रहती है। हिन्दी का 'ऋ' इसका उदाहरण है जो हिन्दी की लिखावट में मौजूद है परन्तु इसका उच्चारण 'रि' की तरह होता है। स्थिति इसके विपरीत भी हो सकती है। आज भोजपुरी में केवल दन्त्य स का प्रयोग होता है परन्तु भोजपुरी की कैथी लिखावट में केवल 'श' का व्यवहार होता था। आधुनिक असमिया में आदि तथा आभ्यान्तरिक 'श' का उच्चारण कण्ठ्य ऊष्म 'ख' की भाँति होता है यद्यपि लिखावट में श, ष और स तीनों अक्षर वर्तमान हैं।

"बँगला में श् को जैसा एकाधिकार मिला है, वैसा ल् को तो प्राप्त नहीं है, किन्तु मगध गण-भाषा की वह विशेषता वास्तविक थी; स् और र् के स्थान पर उसमें श् और ल् का व्यवहार होता था। संस्कृत में स् और र् व्यंजनों का मिश्रण तो होता है, स् और ल् व्यंजनों का मिश्रण नहीं होता। संस्कृत में स्लथ, स्लोक जैसे रूप असम्भव हैं।"[5]

इस 'स-श' और 'र-ल' के प्रयोगों की परख करने का एक साधन प्राचीन देवी-देवताओं और नदियों का नाम है। वैदिक देवमण्डल पर ध्यान दें तो स्पष्ट होगा कि इस देव-समूह के अधिकांश देवी-देवताओं के नाम में 'र' ध्वनि जुड़ी हुई है। 'ल' का जुड़ना उसके सापेक्ष कम है। ऋग्वेद के प्रधान देवता इन्द्र हों अथवा वरुण और मित्र- सब में 'र' सर्वनिष्ठ है। कुछ ऐसा ही समीकरण ऋग्वैदिक नदियों के साथ भी बनता है। अधिकांश नदियाँ र-युक्त हैं। 'श-स' की परख भी इन नदियों के माध्यम से की जा सकती है। मगध प्रदेश का शोण और कर्मनाशा इस अंचल विशेष में वहीं स्थान रखते हैं जो कभी वैदिक जनों के लिए पश्चिमोत्तर में सिन्धु और सरस्वती रखते थे। मगध की नदियाँ शकार प्रेमी हैं, वहीं पश्चिमोत्तर की नदियाँ सकार प्रेमी हैं। आज भले ही भोजपुरीभाषी लोग इसे सोन और कर्मनासा कहते हों।

'श-ल' का युग्म मागधी केन्द्र से मध्यदेशीय केन्द्र की ओर विस्थापित है, इसलिए इस 'श' को मागधी लकार के संप्रसारण के साथ-साथ देखना रोचक होगा। शायद इसी वजह से संस्कृत में 'श-ल' की जोड़ी खुब जमती है। जैसे संस्कृत के उपसर्गों में 'र' के व्यवहार की प्रधानता है वैसे भोजपुरी के प्रत्ययों में 'ल' के व्यवहार की प्रधानता है। संस्कृत के उपसर्गों पर, परा, परि, प्र, प्रति को भोजपुरी के प्रत्ययों इल, इला, एल, एला, ल, ली के आमने-सामने रखकर देखा जा सकता है। ऐसे ही करण-सम्प्रदान के लिए जिन अनुसर्गों का प्रयोग भोजपुरी में चलते हैं, वे 'ल'-युक्त हैं जैसे ला, ले, लागि। यह 'ल'-युक्त अनुसर्ग मगही और मैथिली में भी भरपूर चलते हैं। ''भोजपुरी में भूतकाल के रूप बनाने की आसान तरकीब है, धातु में 'ल' जोड़ना रहल, देखल, करल, धरल आदि। भोजपुरी को 'ल' ध्वनि इतनी प्रिय है कि वर्तमानकाल के लिए भी उसमें करेला, जाला, आवेला आदि रूप प्रचलित हैं।''[6]

वैदिक भाषा 'ल' से जितना अप्रभावित है, उतना लौकिक संस्कृत नहीं है। 'र' की गति पश्चिमोत्तर से पूरब की ओर तीव्र है, इसकी तुलना में 'ल' स्थिर-सा जान पड़ता है। ईरानी भाषा- क्षेत्र की ओर ध्यान दें तो हम पाते हैं कि प्राचीन पारसीक तथा अवेस्ता में केवल 'र' ध्वनि ही थी। इधर कृदन्त रूपों का एक सुपरिचित और व्यापक प्रत्यय 'ल' है जिसका व्यवहार भोजपुरी क्षेत्र से लेकर असमिया और उड़िया के भाषायी प्रदेशों तक होता है। भोजपुरी में 'र-ल' की स्थिति पर आगे विचार किया गया है।

''भरत ने 17,58 में यह बात कही है कि गंगा और समुद्र के बीच के देशों में कर्त्ता एकवचन के अन्त में 'ए' लगाये जानेवाली भाषाएँ बोली जाती हैं। इससे उसका क्या अर्थ है, यह समझना टेढ़ी खीर है।''[7] प्राकृत वैयाकरणों के अनुसार कर्त्ता एकवचन के अन्त में 'ए' जोड़ने की प्रवृत्ति मागधी प्राकृत की खास विशेषता थी। इसलिए यह तय है कि भरत का इशारा इतने व्यापक क्षेत्र में मागधी प्राकृत

बोले जाने की ओर है। "सुदूर अतीत में काशी से पूर्व और गंगा से दक्षिण आसमुद्र भूमि करुष देश के नाम से प्रसिद्ध थी।"[8] कीकट, मगध और करुष प्रदेश के भौगोलिक विस्तार में अन्तर हो सकता है किन्तु इतना निश्चित है कि ये तीनों मागधी प्राकृत से सम्बन्धित क्षेत्र रहे हैं। मागधी प्राकृत में कर्त्ताकारक के एकवचन के अन्त में 'ए' लगाये जाने की परम्परा थी। 'श' को लेकर अशोक के पूरबी शिलालेखों और शुतनुका अभिलेख में जो फर्क दिखाई पड़ता है, वह इस बिन्दु को लेकर मिट जाता है। इसके अलावे संस्कृत नाटकों में भी इस प्रत्यय का निरन्तर दर्शन होता है।

"सन्धाभाषा में ए-कारान्त संज्ञा-रूपों की संख्या बहुत कम है। इसके लगभग दो प्रतिशत रूप ए-कारान्त हैं। अपभ्रंश में अन्त्य ए ध्वनि इ ध्वनि में परिवर्तित होने लगी थी। संभवतः इसी से सन्धाभाषा में ए-कारान्त संज्ञा-रूप कम मिलते हैं।"[9] ऐसी स्थिति में यह माना जा सकता है कि सन्धाभाषा की पूर्वज भाषाएँ ए-कारान्त संज्ञा-रूपों से आक्रान्त थीं। भोजपुरी में कर्त्ता कारक का प्रत्यय-ए का लोप हो गया है तथापि इस पर दाब डालने के लिए आज भी भोजपुरी क्षेत्र में इस ए-प्रत्यय का भरपूर प्रयोग किया जाता है। "बँगला, असमिया, उड़िया, चर्यापदों की प्राचीन बँगला तथा मध्ययुग की बँगला में यह प्रत्यय अवश्य उपलब्ध है।"[10]

आधुनिक बोलियों से पीछे की ओर लौटकर मागधी के एकार पर सन्देह भी किया जाता है। "संस्कृत शब्दों के अकार के स्थान पर मागधी में बहुधा एकार दिखाई देता है। वास्तव में यह प्राच्य भाषाओं की मूल पद्धति नहीं है। मूल पद्धति ओकार-औकार बोलने की है। एकार-ऐकार बोलने की प्रणाली पश्चिमी प्रदेश की है। ककहरा पढ़ते समय पछाँह के लोग कै-खै-गै-घै बोलते हैं, पूरब के लोग कौ-खौ-गौ-घौ बोलते हैं, मध्यदेश या कोसल के लोग का-खा-गा-घा बोलते हैं। संस्कृत शत का हिन्दी प्रतिरूप सौ प्राच्य पद्धतिवाला रूप है, सैकड़ा का सै पश्चिमी पद्धतिवाला रूप है, अवधी में सौ और सै दोनों रूपों का चलन है। संस्कृत षष का प्रतिरूप छह पूरब में छौ, पछाँह में छै, अवध में छा बोला जाता है। परिनिष्ठित हिन्दी में ऐकार वाला छै उच्चारण स्वीकृत है, भले ही लिखित रूप छह हो। परिनिष्ठित हिन्दी में शत का प्रतिरूप सौ की स्वीकृति है। यह प्राच्य भाषा समुदाय के प्रभाव का परिणाम है।"[11] दरअसल यह स्थापना भाषाविज्ञान के उस सिद्धान्त पर आधारित है कि पूर्वी भाषाओं में 'अ' का उच्चारण 'ओ' के बहुत समीप होता है, अर्थात् संवृत तथा वृत्तमुखी होता है, किन्तु जैसे-जैसे हम पश्चिम की ओर बढ़ते हैं, ओष्ठों की यह वृत्तता एवं संवृतता समाप्त होती जाती है और विवृतता एवं ओष्ठ-अवृत्तता बढ़ती जाती है। लेकिन यह कहना कि संस्कृत शत का हिन्दी प्रतिरूप सौ प्राच्य पद्धति वाला रूप है, गलत है क्योंकि पूरबी हिन्दी में 'औ' मूल स्वर बिल्कुल ही नहीं है। प्रायः

यह स्वर-संयोग के रूप में आता है। भोजपुरी में संस्कृत शत का प्रतिरूप 'सय' है जो 'सौ' के करीब है जिसे पश्चिमी पद्धति वाला रूप माना गया है। निश्चय ही संस्कृत षष का भोजपुरी प्रतिरूप 'छव' है जो 'छौ' के करीब है तथापि पूरबी हिन्दी वाले औकार को अउ, अव के रूप में उच्चरित करते हैं। इसलिए केवल उच्चारण-पद्धति के आधार पर मागधी एकार को खारिज करना कठिन है।

सन्दर्भ-ग्रंथ

1. कैलाशचन्द्र भाटिया : भारतीय भाषाएँ; प्रभात प्रकाशन, दिल्ली (संस्करण, सन् 1989); पृ. 28
2. रामविलास शर्मा : भारत के प्राचीन भाषा परिवार और हिन्दी, खण्ड-1; राजकमल प्रकाशन, नयी दिल्ली (प्रथम संस्करण, सन् 1981); पृ. 145
3. डॉ. रामदेव त्रिपाठी : भाषाविज्ञान की भारतीय परम्परा और पाणिनि; बिहार राष्ट्रभाषा परिषद्, पटना (प्रथम संस्करण, विक्रमाब्द 2034); पृ. 48
4. रामविलास शर्मा, पूर्वोदधृत; पृ. 142
5. रामविलास शर्मा : भारत के प्राचीन भाषा परिवार और हिन्दी, खण्ड-2; राजकमल प्रकाशन, नयी दिल्ली (पुनर्मुद्रित, सन् 1994); पृ. 69
6. रामविलास शर्मा : भाषा और समाज; राजकमल प्रकाशन, नयी दिल्ली (दूसरा संस्करण, सन् 1977); पृ. 343
7. आर. पिशल/अनु. डॉ. हेमचन्द्र जोशी : प्राकृत भाषाओं का व्याकरण ; बिहार राष्ट्रभाषा परिषद्, पटना (प्रथम संस्करण, सन् 1958); पृ. 48
8. डॉ. देवसहाय त्रिवेद : प्राङ्मौर्य बिहार; बिहार राष्ट्रभाषा परिषद्, पटना (प्रथम संस्करण, सन् 1954); पृ. 2
9. डॉ. मंगल बिहारी शरण सिन्हा : सिद्धों की सन्धाभाषा; बिहार हिन्दी ग्रंथ अकादमी, पटना (प्रथम संस्करण, सन् 1973); पृ. 182
10. डॉ. उदयनारायण तिवारी : भोजपुरी भाषा और साहित्य; बिहार राष्ट्रभाषा परिषद्, पटना (द्वितीय परिवर्द्धित संस्करण, विक्रमाब्द 2041); पृ. 417
11. रामविलास शर्मा : भारत के प्राचीन भाषा परिवार और हिन्दी, खण्ड-1; राजकमल प्रकाशन, नयी दिल्ली (प्रथम संस्करण, सन् 1981); पृ. 141

भोजपुरी में 'र्-ल्' की स्थिति

ऐसा कहा गया है कि बँगला, उड़िया, असमिया तथा बिहार की बोलियों की उत्पत्ति मागधी प्राकृत एवं अपभ्रंशों से हुई है। इस मागधी की ध्वनिगत विशेषताओं में से एक है सर्वत्र 'र्' का 'ल्' होना। राजा का लाजा (आद्य), पुरुष का पुलिशे (मध्य) और समर का शमल (अन्त्य) जैसे मागधी के शब्दों को इसकी मिसाल के तौर पर प्रस्तुत किया जाता है। भाषा के इस लक्षण के हिसाब से मागधी-प्रसूत सभी भाषाओं और बोलियों में केवल 'ल्' ही होना चाहिए था; किन्तु भाषाओं के सम्मिश्रण के कारण मागधी भाषाओं एवं बोलियों में 'र्' और 'ल्' दोनों का प्रयोग होता है। बँगला तथा असमिया के तद्‌भव शब्दों में 'र्' तथा 'ल्' दोनों मिलते हैं। यद्यपि असमिया में 'ल्' से 'र्' में परिवर्तन की अपेक्षा 'र्' से 'ल्' में परिवर्तन का बाहुल्य है।[1] प्राकृत वैयाकरणों के अनुसार मागधी प्राकृत पर य्, ल् और श् जैसी ध्वनियों का वर्चस्व रहा है। आज 'ल्' के बदले 'र्' का वैकल्पिक प्रयोग करने की जबरदस्त प्रवृत्ति भोजपुरीभाषी क्षेत्र में मौजूद है। इसके अलावा आधुनिक भोजपुरी के ध्वनितंत्र पर य् और श् के बदले ज् और स् का जैसा एकाधिकार है, उसे देखते हुए ऐसा लगता है कि मागधी प्राकृत की वे ध्वनिगत विशेषताएँ पुस्तकीय हों यद्यपि ऐतिहासिक भाषाविज्ञान उसे वास्तविक मानता है।

"हिन्दी की पूरबी बोलियों पर ध्यान दें तो पता चलेगा कि पछाहीं बोलियों की अपेक्षा उनमें रकारवाद का चलन अधिक है। बेला–बेरिया, काला–करिया, दिवाली–दिवारी (या द्येवारी), ससुराल–ससुरारि, साला–सार, उजाला–अँजोरिया (उज्यार), लड़का–लरिका इत्यादि में 'ल'–युक्त शब्द पछाहीं हैं, 'र'–युक्त पूरबी।"[2] कहना न होगा कि ऊपर की सूची में पछाहीं बोलियों के जिन शब्दों को शामिल किये गये हैं; वे लकारान्त हैं। इस सूची को थोड़ा–सा प्रयास करके और भी विस्तारित किया जा सकता है : अंगुली–अंगुरी, अंजली–अंजुरी, अटकल–अँटकरे, अबल–अबर, आँचल–अँचरा, आँवला–आँवरा, उजला–ऊजर, उल्लू–उरूआ, ऊखल–ओखर, कटहल–कटहर, कपाल–कपार, कवल–कवर, काजल–काजर, काला–करिआ, कुदाल–कुदारी, केला–केरा, खली–खरी, गला–गर, गाली–गारी, घोल–घोर, चावल–चाउर, चुल्लू–चुरूआ, झोला–झोरा, तालू–तारू/तरूआ, थाली–थरिआ, दुबला–दूबर, धूल–धूर, नारियल–नरिअर, पतला–पातर, पीतल–

पीतर, पीपल-पीपर, पीला-पिअर, पुआल-पुअरा, फल-फर, फाल-फार, बादल-बदरी, बाल-बार, मूली-मुरई, मूसल-मूसर, हल-हर।

अन्त्य 'ल्' का 'र्' में रूपान्तरित होने के बहुत सारे उदाहरण भोजपुरी शब्दकोश में मौजूद हैं जिनमें पुराने शब्दों की संख्या ज्यादा है। 'अटकल' पश्तो का शब्द है जो पश्तोभाषी अफगानों के सम्पर्क से भोजपुरी में आया है।[3] अगर पश्तो के इस शब्द को ऊपर की सूची से खारिज कर दिया जाय तो तुर्की, अरबी और फारसी का कोई भी शब्द इस ध्वनि-परिवर्तन के उदाहरणों में दिखलाई नहीं पड़ता है। ऐसी बात नहीं है कि तुर्की-अरबी-फारसी के 'ल'-युक्त शब्दों का भोजपुरी में अभाव है बल्कि इन पश्चिम एशियायी देशों की भाषाओं से आये शब्दों का प्रयोग भोजपुरी भाषा में धड़ल्ले से होता है। यहाँ इनकी संक्षिप्त सूची क्रमशः दी जा रही है

तुर्की : कुली-कुली, गलीचा-गलइचा, बुलाक-बुलाकी, लाश-ल्हास।

अरबी : अक्ल-अकील, अव्वल-अउअल, कबाला-केवाला, कबूल-कउल, खयाल-खिआल, जुल्म-जुलुम, बदली-बदली, बला-बलाय, मामला-ममिला, हलवा-हलुआ।

फारसी : गिलाबा-गिलावा, चालाक-चल्हाँक, जुल्फ-जुलुफी, बगली-बगली, बालिश-बलिस्ता, रूमाल-रूमाल।

कुछ ऐसा ही समीकरण आधुनिक काल में पुर्तगाली, फ्रांसीसी और अंग्रेजी भाषा से भोजपुरी में आये शब्दों के साथ भी बनता है जो भोजपुरी शब्द-भण्डार की सम्पत्ति बन गये हैं किन्तु 'ल्' यथावत् है।

पुर्तगाली : गमला-गमला, जेंगिला-जंगला, पिस्तौल-पिस्तउल, बॉट्ल-बोतल, बॉल्डे-बलटी।

फ्रांसीसी : लाम-लाम।

अंग्रेजी : कॉलर-कालर, जेल-जेहल, बल्ब-बउल, ब्लेड-बिलेड, स्कूल-अस्कोल।

स्पष्ट है कि मध्यकाल और आधुनिक काल में कई विदेशी भाषाओं से भोजपुरी का सम्पर्क हुआ तथापि पछाहीं बोलियों के 'ल'-युक्त शब्दों की भाँति इनके शब्दों को वह रकारवाद की चपेट में न ले सकी। इसके विपरीत उन 'र'-युक्त भोजपुरी प्रतिरूपों की संख्या बहुत ज्यादा है जिन शब्दों का रूप भारत के प्राचीन भाषा परिवारों में 'ल'-युक्त था।

आस्ट्रिक : कदली (केला)-केरा, कम्बल-कमरा, कवल-कवर, चाउलि (चावल)-चाउर, नारिकेल (नारियल)-नरिअर, हरिद्रा (हल्दी)-हरदी।

द्रविड़ : उलूखल (ओखल) - ओखर, कज्जल (काजल) - काजर, काल (काला) - करिआ, खुदाला (कुदाल) - कुदारी, पिप्पल (पीपल) - पीपर, मूसल - मूसर।

वैदिक : उलूक (उल्लू)-उरूआ, कपाल-कपार, पलाल (पुआल)-पुअरा, पलाश-परास, फाल-फार, स्थाली (थाली)-थरिआ।

संस्कृत : अङ्गुलि/ली (अंगुली) - अंगुरी, अंचल (आँचल) - अँचरा, अंजलि (अंजली) - अंजुरी, आमलक (आँवला) - आँवरा, कुण्डली - गेंडुरी, गालि (गारी), धूलि (धूल)-धूर, नाल-नार, श्यामल (साँवला) - साँवर, श्यालक (साला)-सार, शृंगाल - सिआर।

इसमें उलूखल, कदली जैसे शब्दों को संस्कृत ने अपने में घुला-मिलाकर आत्मसात् कर लिया है, किन्तु चाउलि (चावल) जैसे मुण्डा परिवार के शब्दों का प्रयोग हमें पहली बार प्राकृतों में ही मिलते हैं। इसके अलावा तालु&तारू/तरूआ और दरिद्र&दलिद्दर जैसे शब्दों का भी एक समूह है जिनका प्रयोग उत्तर वैदिक साहित्य में मिलता है।

यह कहना गलत होगा कि मध्यकाल और आधुनिक काल में आये इन नये शब्दों का प्रचलन भोजपुरी समाज में बाद में हुआ और तब तक भोजपुरी जनता के पास प्रशिक्षित जबान हो चुकी थी। 'न्&ल्' का वैकल्पिक प्रयोग इस बात का पुख्ता प्रमाण है कि आधुनिक काल के विदेशी भाषाओं से आये शब्दों में भी ध्वनियों के परस्परान्तरण का सिलसिला जारी है। अंग्रेजी भाषा के कई शब्दों का आद्य 'न्' उनके भोजपुरी प्रतिरूपों में 'ल्' हो जाता है यथा : नम्बर&लम्बर, नम्बरी– लम्बरी, नोट&लोट, नोटिस&लोटिस। परन्तु 'न्' का 'ल्' में यह परिवर्तन ग्राम्य समझा जाता है।[4] हालाँकि भोजपुरी जैसी लोकभाषाओं के अध्ययन में इन ध्वनि-परिवर्तन को ग्राम्य समझकर टाला नहीं जा सकता है वरना शिष्ट भाषा में लोक के प्रति आस्था जतानेवाला 'संज्ञा प्रमाण' का क्या होगा ?

'न्' का 'ल्' में यह परिवर्तन भोजपुरी में केवल अंग्रेजी भाषा से आये आधुनिक शब्दों में ही नहीं बल्कि पुराने से पुराने शब्दों में भी मिलता है। 'नग्न' और 'नग्नक' वैदिक भाषा के शब्द हैं। इनकी प्राचीनता इण्डोयूरोपियन परिवार की भाषाओं में मिलनेवाले इनके विभिन्न प्रतिरूपों से सिद्ध है : लैटिन-nudus, गॉथिक&naqaps प्रा. हाई जर्मन&naccot, ऐंग्लो सैक्सन&nacod, आयरिश–nocht, आर्मेनियन&nhgel। 'नग्न' की एक संतति 'नंगा' है। नग्न और नंगा का भोजपुरी प्रतिरूप क्रमशः लंगटे और लंगा है। संस्कृत 'नील' में जो प्रजनन-क्षमता है, वह फारसी 'नील' में भी है। 'नील' घुसपैठिया शब्द नहीं है&फारसी में भी, संस्कृत में भी वरना यह दोनों में से किसी एक भाषा में बाँझपन का शिकार होता। सं.&नील, फा.&नील; सं.–नीलमणि, फा. नीलम; सं.&नीलोत्पल, फा.&नीलोफर जैसे शब्दों की जोड़ी इसकी प्राचीनता को खोलती है। 'नील' का भोजपुरी रूप 'लील' है जो इसके समस्त पदों में भी बराबर मिलता है; यथा : लीलकंठ, लीलगाय, लीलबंदर। 'हनुमान' को भोजपुरी जनता 'हलुमान' कहती है। हनुमान वैदिक शब्द नहीं है क्योंकि वेदों में यह शब्द एक बार भी नहीं आया है। 'हनुमान' शब्द सम्भवतः एक द्रविड़ शब्द का संस्कृत रूपान्तर है (आण-नर, मन्दि-कपि) जिसका अर्थ है 'नरकपि'।[5] वैसे ही 'नवनीत' वैदिक शब्द नहीं है लेकिन लौकिक संस्कृत में इसका प्रयोग खूब हुआ है। संस्कृत के पुराने कवि कालिदास ने

'नवनीत' का प्रयोग किया है। खड़ी बोली में इसके लिए 'नवनी' भी चलता है। इसे ही ब्रजभाषा के कवि सूरदास ने 'लवनी' कहा है। इसका भोजपुरी प्रतिरूप 'लयनू/लैनू' है। इस प्रकार हम देखते हैं कि भोजपुरी की ध्वनिगत प्रवृत्ति 'न्' को हटाकर 'ल्' करने की ओर है–नये शब्दों में भी, पुराने शब्दों में भी। लेकिन 'ल्' को 'न्' में परिवर्तित करने की प्रवृत्ति भोजपुरी में कम है& नये शब्दों में भी, पुराने शब्दों में भी। लवण (सं.)-नून (भो.) और पेन्सिल (अं.)–पिनसिन (भो.) जैसे शब्दों की संख्या भोजपुरी में कम है, जहाँ 'ल्' का 'न्' हो गया है।

'ल्' से 'र्' और 'न्' से 'ल्' के इस रूपान्तरण में एक मौलिक भेद दिखाई पड़ता है। 'ल्' के बदले 'र्' का वैकल्पिक प्रयोग ज्यादातर भोजपुरी शब्दों के अन्त में मिलता है जबकि 'न्' के बदले 'ल्' का वैकल्पिक प्रयोग ज्यादातर भोजपुरी शब्दों के आदि में। 'दँवनी' का भोजपुरी प्रतिरूप 'दँवरी' है। इस तरह के अंगुली पर गिने जाने योग्य कुछेक शब्दों को छोड़ दिया जाय तो भोजपुरी में 'न्' के बदले 'र्' का प्रयोग बहुत विरल मिलेगा।

जैसे भोजपुरी के कई शब्दों में 'ल्' का स्थानापन्न 'र्' है और 'न्' का स्थानापन्न 'ल्' है, वैसे ही भोजपुरी के कई शब्दों में 'ड़्' का स्थानापन्न 'र्' है। भोजपुरी के आद्य 'ड़्' का 'र्' में बदलने का कोई सवाल ही नहीं उठता है क्योंकि इस भाषा का कोई भी शब्द 'ड़्' से शुरू नहीं होता है। मध्य और अन्त्य 'ड़्' का अन्तरण 'र्' में समान रूप से होता है।

मध्य 'ड़्' का 'र्' में परिवर्तन : कड़ाही–कराही, कड़ुआ–करूआ, लड़का–लरिका।

अन्त्य 'ड़्' का 'र्' में परिवर्तन : कँकड़ी–कँकरी, झगड़ा–झगरा, पगड़ी–पगरी, पिंजड़ा–पिंजरा, लड़ी–लर।

इसके अलावा उन क्रियापदों की संख्या काफी है जहाँ खड़ी बोली का 'ड़्' भोजपुरी में 'र्' का रूप लेता है; यथा : उजड़ना–उजरल, तोड़ना–तोरल, पड़ना-परल, फोड़ना-फोरल, मोड़ना-मोरल, सड़ना-सरल।

भोजपुरी शब्दों में अन्त्य 'ल्' का 'र्' में परिवर्तन बहुतायत होता है, मध्य 'ल्' का उससे कम और आद्य 'ल्' का सबसे कम : कलाय-केराय, कलेजा-करेजा, खलिहान-खरिहान, पलायन-पराइल, पलाश-परास, सोलह-सोरह, हल्दी-हरदी जैसे भोजपुरी के कई शब्द इस मध्य 'ल्' का 'र्' में परिवर्तन के गवाह हैं। किन्तु भोजपुरी शब्दों के आद्य 'ल्' का 'र्' में बदलने के उदाहरण बहुत कम मिलते हैं। 'लोम' का भोजपुरी प्रतिरूप 'रोआँ' है तथापि इसका निकटतम सम्बन्ध 'रोम' से है न कि 'लोम' से। रोम-लोम की वैदिक जोड़ी में से 'रोम' को प्राचीन माना गया है। इस तरह की जोड़ी वैदिक शब्दों की सूची में और भी हैं; यथा : रभ्–लभ्, रोहित–लोहित। यहाँ भोजपुरी के विपरीत आद्य 'र्' का 'ल्' में बदल जाने की प्रवृत्ति है।

सामान्यतः भोजपुरी का आद्य 'ल्' अपनी जगह छोड़ता नहीं है बल्कि अपने पहले एक स्वर को जोड़ लेता है जैसा कि अलोत (सं. लुप्त) और अलाचार (फा. लाचार) जैसे भोजपुरी के शब्दों में हम देखते हैं। लेकिन 'र्' की गतिविधि ठीक इसके विपरीत है। भोजपुरी के कई शब्दों में 'र्' अपने पूर्व के आद्य स्वर को हटाकर स्वयं आद्य स्थान प्राप्त कर लेता है। रहर (अरहर), राम (आराम), रेंड़ (एरण्ड), रेगनी (अरगनी), रेहँट (अरघट्ट) जैसे भोजपुरी के कई शब्द इसके ज्वलन्त प्रमाण हैं।

''तमिल भाषा की एक प्रवृत्ति उल्लेखनीय है : यह है र्/ल् से प्रारम्भ होने वाले शब्दों के पहले एक स्वर जोड़ देने की प्रवृत्ति। संस्कृत शब्दों के तमिल प्रतिरूपों में र्/ल् से पहले इस जोड़े हुए स्वर के निरन्तर दर्शन होते हैं : रंग–अरंगु; लक्ष्य–इलक्कम्; लक्षण–इलक्कणम्; राजा–अरैचु; रूप–अरुवु; राक्षस–अरक्कन; रोहिणी–उरोगिणि (अथवा उरोहिणी)।

तमिल की यह सुपरिचित विशेषता संस्कृत शब्दों के ग्रीक प्रतिरूपों में भी देखी जाती है। संस्कृत–लघु, ग्रीक–एलखुस (छोटा); संस्कृत–रुधिर, रोहित, ग्रीक–एरोउथोस् (लालिमा); संस्कृत–ऋक्ष, ग्रीक–अक्तोस् (भालू); संस्कृत–ऋत, ग्रीक–अरेती (श्रेष्ठता); संस्कृत–लोपाश, ग्रीक–अलोपेक्स (लोमड़ी)।''[6]

तमिल और ग्रीक की भाँति भोजपुरी 'र्' अपने से प्रारम्भ होनेवाले शब्दों के पहले एक स्वर को जोड़ता नहीं है अपितु हटाता है। लेकिन भोजपुरी शब्दों का आद्य 'ल्' जरूर अपने पहले एक स्वर को जोड़ लेता है। किन्तु भोजपुरी की यह प्रवृत्ति तमिल और ग्रीक की तरह सामान्य नहीं है अपितु संस्कृत की तरह विरल है। संस्कृत लक्तक (लाल, रक्त) का संस्कृत में ही एक वैकल्पिक रूप अलक्तक है। ऐसे ही संस्कृत अलस का शब्दमूल 'लस्' है जैसा कि हमें इण्डोयूरोपियन परिवार की भाषाओं में मौजूद इसके विभिन्न प्रतिरूपों से मिलान करने पर मिलता है।[7]

सूर्यदेव शास्त्री ने लिखा है, ''हम समवर्त्ती 'नासिक्य' की अचेतन प्रक्रिया-रूप के कारण ही 'न' और 'ल' ध्वनियों में समरूपता स्थापित कर देते हैं। यही कारण है कि 'लवण', 'नमक' या 'नोन', तो लुंगा या लुंगी क्रमशः नुंगा और नुंगी के रूपों में प्राप्त या विकल्पित होते हैं। इसी प्रकार, 'न' और 'म' ध्वनियों की स्वरवत् प्रवृत्ति भी मनोवैज्ञानिक दृष्टि से अवचेतन में निहित नासिक्य एवं अनासिक्य की समरूपता एवं विरूपता का फल है। पुरातन भारतीय वैदिक संस्कृति में 'सन्त–सत', 'लिम्प–लिप', 'छन्द–छद' आदि की समप्रवृत्तिगत वैकल्पिकता के कारण ही अनेक धातुओं का द्विरूपी विकास और विश्लेषण हुआ है। 'र' और 'ल' ध्वनियों में परस्परान्तरण और विकल्प भी चेतना की अप्रत्यक्ष क्रिया-प्रतिक्रिया को ही व्यक्त करता है।''[8] आज की भोजपुरी में रकारवाद का जितना चलन है, उतना लकारवाद का नहीं। बहुत कठिनाई से दो-चार

उदाहरण ऐसे मिलते हैं जहाँ 'र्' की जगह 'ल्' का वैकल्पिक प्रयोग होता है। पत्थर–पथल (अन्त्य), दरिद्र–दलिद्दर (मध्य), रेंड़–लेंड़ (आद्य) जैसे भोजपुरी के विरल शब्दों में ही लकारवाद का बोलबाला है। इस प्रकार भोजपुरी में 'र्' और 'ल्' ध्वनियों का वैकल्पिक प्रयोग परस्परान्तरण से ज्यादा एकपक्षीय अन्तरण है जहाँ 'र्' का वर्चस्व है। इस तरह की एकपक्षीयता 'न्–ल्' अथवा 'ड़्–र्' में भी है। ऐसी स्थिति में मनोभाषिकी की यह व्याख्या लचर हो जाती है। क्या ऐतिहासिक भाषाविज्ञान इस प्रपंच की व्याख्या कर सकता है ?

अवेस्ता में 'ल्' का नितान्त अभाव है। स्वयं वैदिक भाषा में जहाँ 'र्' है, वहाँ बाद की संस्कृत में बहुधा 'ल्' है। "प्राचीन वैदिक म्रुच्, रभ्, रोम, रोहित के स्थान पर म्लुच्, लभ्, लोम्, लोहित अधिक प्रचलित हो गए हैं। इस 'ल्' का प्रयोग पुराने मण्डलों की तुलना में नयों में अठगुना तथा ऋग्वेद की तुलना में अथर्ववेद में सतगुना है।"[9] वैदिक कोश, संस्कृत कोश और भोजपुरी कोश के 'र्' और 'ल्' से प्रारम्भ होनेवाले शब्दों की तुलना करने पर हम पाते हैं कि वैदिक कोश में 'र्' से शुरू होनेवाले शब्दों की संख्या 'ल्' से शुरू होने वाले शब्दों की संख्या से लगभग आठ गुना ज्यादा है जबकि संस्कृत और भोजपुरी शब्दकोशों में 'ल्' से शुरू होने वाले शब्दों की संख्या 'र्' से शुरू होनेवाले शब्दों की संख्या से क्रमशः सवा गुना और दो गुना ज्यादा है।

आश्चर्य इस बात का है कि भोजपुरी के रकार वाले अधिकांश शब्दों का संस्कृत प्रतिरूप मिलते हैं परन्तु लकार वाले बहुतेरे शब्दों का संस्कृत प्रतिरूप नहीं मिलते। वे भोजपुरी के खास शब्द हैं जिसके सम्बन्ध में दावा नहीं किया जा सकता है कि वे किसी अन्य प्राचीन भाषा-परिवारों के स्रोत से आये हैं अथवा उसकी अपनी जमीन की उपज हैं। उनकी एक सूची नीचे दी जा रही है–लतरी (मटर), लथेर (पशुओं द्वारा छोड़ा गया भूसा), लरूआ (पुआल), लहरा (झगड़ा), लाटा (महुए और तीसी का ओखल में कूटकर बना खाद्य पदार्थ), लात (पाँव), लाद (पेट), लिट्टी (आग पर सेंककर बनायी जानेवाली मोटी रोटी), लिबरी (सत्तू का पानी में घोल), लुच्ची (सामान तौलने के पूर्व तराजू के एक पलड़े से निकाला जानेवाला अनाज का एक भाग), लेंढ़ा (संक्रमण की स्थिति), लेहँड़ा (जंगली जानवरों का झुण्ड), लेदरा (चिथड़ा), लेवाँड़ (भैंस आदि का कीचड़युक्त मिट्टी में लोटने का स्थान), लेवा (पुराने कपड़ों का बना हुआ बच्चों का बिछावन), लोर (आँसू; आटा-गुड़ का पतला घोल)। इसका कारण क्या हो सकता है ? यही कि भोजपुरी 'ल्'-क्षेत्र की भाषा थी।

वैदिक शब्दों में 'ल्' और 'र्' एकसाथ नहीं आते हैं। 'ऌ' इसका अपवाद है। फिर भी इस 'ऌ' की भूमिका वैदिक भाषा में नगण्य है। यह मूर्धन्य ॠ का मागधीकरण है, राजा के लाजा की तरह। इससे क्या साबित हुआ ? यही कि संस्कृत उस क्षेत्र की मूल भाषा है जिसमें 'र्' की प्रधानता थी और भोजपुरी उस

क्षेत्र की मूल भाषा है जिसमें 'ल्' की प्रधानता थी। संस्कृत धातुओं में अन्य व्यंजनों के साथ जितना र् का संयोग होता है, उतना ल् का नहीं।[10] वैसे भी संस्कृत में स्वरात्मक लृ केवल एक शब्द अर्थात् धातु मूल क्लृप् में ही पाया जाता है। भोजपुरी शब्दों में 'ल्–र्' की जोड़ी खूब जमती है; यथा : लरकल, लरकोरी, लर–जर, लरबर, लरूआइल, लूर, लोर इत्यादि। ऐसी स्थिति में क्या यह मान लिया जाय कि 'ल्'-क्षेत्र की इस ध्वनि ने 'र्'–क्षेत्र के 'र्' को जबरदस्त ढंग से प्रभावित किया और 'र्'–क्षेत्र के 'र्' ने पूरब के 'ल्'–क्षेत्र में प्रवेश करके रकारवाद का चलन किया जिससे भोजपुरी प्रभावित है।

'र्-ल्' का वैकल्पिक प्रयोग केवल भोजपुरी और संस्कृत में ही नहीं अपितु इण्डोयूरोपियन परिवार की अन्य भाषाओं में भी देखने को मिलता है। द्रविड़, आस्ट्रो-एशियाटिक, चीनी-तिब्बती, जापानी-कोरियाई जैसे कई भाषा-परिवारों की भाषाओं में इस 'र्-ल्' का वैकल्पिक प्रयोग होता है। इसका कारण क्या हो सकता है ? "भारतीय ध्वनि-विज्ञानियों का ध्यान 'र्' तथा 'ल्' के आक्षरिक रूप की ओर गया, किन्तु यह स्वर के रूप में 'र्' तथा 'ल्' के द्वारा स्वतंत्र अक्षर बनने की बात उन्हें सूझी थी। उदाहरणार्थ, भारद्वाज शिक्षा के अनुसार ल् किसी शब्द के आदि तथा अन्त में कभी भी स्वर नहीं हो सकता, किन्तु मध्य स्थिति में यह स्वरात्मक हो सकता था; यथा : कलृप्त में। इसके अतिरिक्त 'स्वर-व्यंजन शिक्षा' में तो पूर्ण रूप से इसी प्रश्न पर विचार किया गया है कि र् कहाँ व्यंजन रहता है तथा कहाँ पर स्वर हो जाता है।"[11] सभी स्वर आक्षरिक (Syllabic) होते हैं। प्रायः सभी व्यंजन सामान्यतः अनाक्षरिक (Non-syllabic) होते हैं। न्, र्, ल् जैसे कुछ व्यंजन कभी-कभी कुछ भाषाओं में आक्षरिक रूप में दृष्टिगत होते हैं।[12] क्या आक्षरिक-अनाक्षरिक की यह अवधारणा इस प्रपंच की व्याख्या कर सकती है ?

सन्दर्भ-ग्रंथ

1. डॉ. उदयनारायण तिवारी : भोजपुरी भाषा और साहित्य; बिहार राष्ट्रभाषा परिषद्, पटना (द्वितीय संस्करण, सन् 1984); पृ. 42, 171 एवं 374
2. डॉ. रामविलास शर्मा : भाषा और समाज; राजकमल प्रकाशन प्राइवेट लिमिटेड, नयी दिल्ली (द्वितीय संस्करण, सन् 1977); पृ. 86
3. डॉ. भोलानाथ तिवारी : हिन्दी भाषा; किताब महल, इलाहाबाद (प्रस्तुत संस्करण, सन् 1995); पृ. 183
4. डॉ. उदयनारायण तिवारी, पूर्वोद्धृत; पृ. 376
5. फादर कामिल बुल्के : रामकथा; हिन्दी परिषद् प्रकाशन, प्रयाग विश्वविद्यालय, प्रयाग (तृतीय संस्करण, सन् 1971); पृ. 110

6. डॉ रामविलास शर्मा : आर्य और द्रविड़ भाषा परिवारों का सम्बन्ध; हिन्दुस्तानी एकेडेमी, इलाहाबाद (प्रथम संस्करण, सन् 1979); पृ. 29
7. डॉ. रामविलास शर्मा : भारत के प्राचीन भाषा परिवार और हिन्दी, खण्ड-2; राजकमल प्रकाशन, नयी दिल्ली (पुनर्मुद्रित संस्करण, सन् 1994); पृ. 71-72
8. डॉ. सूर्यदेव शास्त्री : मनोभाषिकी; बिहार हिन्दी ग्रंथ अकादमी, पटना (प्रथम संस्करण, सन् 1973); पृ. 119
9. डॉ. पी. डी. गुणे/ अनु. डॉ. भोलानाथ तिवारी : तुलनात्मक भाषाविज्ञान; मोतीलाल बनारसीदास, दिल्ली (पुनर्मुद्रण, सन् 1996); पृ. 121
10. डॉ. रामविलास शर्मा : भारत के प्राचीन भाषा परिवार और हिन्दी, खण्ड-1; राजकमल प्रकाशन, नयी दिल्ली (दूसरा संस्करण, सन् 1989); पृ. 40
11. सिद्धेश्वर वर्मा/ अनु. डॉ. देवीदत्त शर्मा : प्राचीन भारतीय वैयाकरणों के ध्वन्यात्मक विचारों का विवेचनात्मक अध्ययन; हरियाणा साहित्य अकादमी, चण्डीगढ़ (द्वितीय संस्करण, सन् 1985); पृ. 70
12. डॉ. भोलानाथ तिवारी : भाषाविज्ञान; किताब महल, इलाहाबाद (अठारहवाँ संस्करण, सन् 1986); पृ. 309

भोजपुरी निरुक्त की एक झलक

भोजपुरी प्रदेश में उम्मी और होरहा खाने की एक सुदीर्घ परम्परा रही है। भोजपुरी का 'उम्मी' शब्द संस्कृत 'उम्बी' का प्रतिरूप है किन्तु इसके अर्थ में बदलाव आ गया है। संस्कृत में जौ या गेहूँ की हरी बाल 'उम्बी' कहलाती थी किन्तु भोजपुरी में इसके भूने रूप को 'उम्मी' कहा जाता है। वैसे ही 'होला' का वैदिक अर्थ अग्नि में भूना हुआ अन्न होता था जिसे आर्यजन मंत्रपूर्वक अग्नि में भूनकर भक्षण करते थे। भोजपुरी प्रांत की जनता मटर और चने की छीमियों को पुआल की आग में भूनकर खाती है जिस 'होरहा' कहा जाता है। यह 'होरहा' शब्द उसी वैदिक 'होला' का प्रतिरूप है जिसे आर्यजन अग्नि में पवित्र करके खाते थे। यह बात अलग है कि उसे (होला) पवित्र करने के लिए मंत्र का विधान था वरना मूल भारोपीय जनों की भाषा में अग्नि और पवित्रता का रिश्ता गहरा था जिसे इण्डो-यूरोपियन भाषाओं में लक्षित किया जा सकता है।[1]

संस्कृत भाषा में 'पवित्र' का 'पू' क्रियामूल इसके अधिकांश पर्यायों में मौजूद है जिसका अर्थ होता है 'पवित्र करना, शुद्ध करना'। चाहे पावन हो, चाहे पुनीत अथवा पूत। यही क्रियामूल पवन में भी है, पावक में भी। पवन (हवा) का एक अर्थ पावक (आग) भी होता है और पावक (आग) का एक अर्थ पवन (हवा) भी। फिर पवन और पावक इन दोनों का एक अर्थ 'पवित्र' भी होता है। इस प्रकार पवन, पावक और पवित्रता अर्थ के धरातल पर एक-दूसरे से संबद्ध हैं। अंग्रेजी का Halo (प्रभामण्डल, अग्निवृत्त) और Hallow (पवित्र बनाना) में घनिष्ठ सम्बन्ध है जैसे अंग्रेजी Holocaust (प्रचण्ड अग्निकांड) और Holy (पवित्र) में। संस्कृत का होला (आग में भूना हुआ अन्न), होलाक (आग की गरमी पहुँचाकर पसीना लाने की एक आयुर्वेदिक स्वेदन-विधि) और होलिका (होली में जलायी जानेवाली लकड़ियों आदि का ढेर) अग्नि से सम्बन्धित शब्द हैं जैसे भोजपुरी होरहा (आग में पकायी हुई फसल की बाल) और होलरी (होलिका दहन के समय जलायी जानेवाली मशाल)। आग और पवित्रता के इस रिश्ते को लेकर फारसी पाक़ (पवित्र) और संस्कृत पाक (जलने की क्रिया) की तुलना रोचक है। ग्रीक पुर् (अग्नि), लैटिन पूरिफिको (शुद्ध करना), अंग्रेजी प्योर (शुद्ध) और संस्कृत पवित्र (शुद्ध) एक ही गोत्र के हैं।

पवन और पावक का एक अर्थ जल होता है। जल का एक पर्याय 'पूर्ण' है। पवित्रता के साथ पूर्णता का वैसा ही रिश्ता है जैसा अग्नि के साथ पवित्रता का। पवन, पावक और पवित्र का 'पू' क्रियामूल पूर्ण में भी मौजूद है। अंग्रेजी Whole (सम्पूर्ण) ओल्ड इंगलिश के Hal से वैसे ही सम्बन्धित है जैसे Holy (पवित्र) Halig (Base of hal, whole) से।

पवित्र के बहुत सारे पर्याय दोष अथवा मल के जोड़-घटाव हैं। इस श्रेणी में अदूषित, अमल, अमलिन, निर्मल, विमल आदि की गणना की जा सकती है। शुचि और शुद्ध&ये दोनों 'पवित्र' के मौलिक पर्यायवाची हैं जो 'पू' क्रियामूल की परिधि से बाहर हैं। संस्कृत सिद्ध (पका हुआ) और शुद्ध (पवित्र) मिलते-जुलते रूप हैं, केवल रूप के धरातल पर ही नहीं अपितु अर्थ के धरातल पर भी। तब यह आकस्मिक नहीं है कि सिद्ध और पूर्ण एक-दूसरे के पर्याय हैं। 'शुच्' का अर्थ 'चमकना' होता है और 'शुचि' का 'प्रकाशमान अथवा पवित्र'। अग्नि और पवित्रता का सम्बन्ध यहाँ भी स्पष्ट है। संस्कृत सिद्ध (तपस्वी, पूर्णकाम, पवित्र) और भोजपुरी सींझल (आँच पर पकना) का मूल एक है। तपना, पूर्णता और पवित्रता सिद्धि के साथ घुले-मिले हैं।

भोजपुरी सूध/सूधा (सीधा-सादा) का सम्बन्ध संस्कृत शुद्ध से है। फारसी सादा का तात्पर्य बिना मिलावट का, शुद्ध, पवित्र से है। किसी खाद्य पदार्थ के हल्के जलने से उठनेवाली गंध को भोजपुरी में 'सोन्ह' कहते हैं। 'सोन्ह' गंध तापाश्रित है। इसीका प्रतिरूप हिन्दी में 'सोंधा/सोंधी' है जो तपती धरती पर वर्षा की पहली बौछार होने से निकलनेवाली गंध है। भोजपुरी अंचल के गाँवों में धूप से दूध-दही का मटका 'सोन्हवाया' जाता है। यह उस मटके का पवित्रीकरण है, शुद्धीकरण है। यहाँ भी आग और पवित्रता एक-दूसरे में गड्डमड्ड हैं। संस्कृत में पवित्र होने का एक रूप है शुध्, दूसरा रूप है शुन्ध्। भोजपुरी का सूध/सूधा शब्द संस्कृत 'शुध्' वाले रूप के खाते में आते हैं और सोन्ह/सोन्हाइल शब्द संस्कृत 'शुन्ध्' वाले रूप के खाते में। संस्कृत में शुध् और शुन्ध् जैसे जोड़े बहुत हैं। एक में अनुनासिक ध्वनि है, दूसरे में नहीं। द्रविड़ भाषाओं में यह प्रवृत्ति और ज्यादा है।

इस अनुनासिकता-निरनुनासिकता से अलग हटकर संस्कृत 'पत्र' (पत्ता, पंख) का एक प्रतिरूप 'पर्ण' (पत्ता, पंख) है जिसका क्रियामूल 'पर्' है। द्रविड़ भाषाओं में इस 'पर्' (उड़नेवाला अर्थ में) का शब्द-वैभव देखने योग्य है। **तमिल**&पर (उड़ना), परइ (पंख, पक्षी), परल् (पक्षी), पारु (बाज, चील); **मलयालम**–पारु (उड़ान); **कन्नड़**–परि (उड़ान); **तेलगू**–पारु (उड़ना) जैसे शब्द इसी क्रियामूल की उपज हैं। कोलभाषा खरिया का पॅनॅर (पंख) और पॅर्वॉ (कबूतर) भी तुलनीय हैं। इण्डो-यूरोपियन भाषाओं में भी इस गोत्र के बहुत सारे शब्द सुलभ हैं। **संस्कृत**–पर्णिन (पंखयुक्त), पारापत/पारावत (कबूतर); **हिन्दी**–पर

(पंख), परेवा (पक्षी, कबूतर); **फारसी**–पर (पंख), परवाज (उड़ान), परवाना (पतंग), परी (पंखोंवाली स्त्री), परिन्दा (पक्षी), परीदन् (उड़ना) और **रूसी**–पेरो (पंख), परीत् (उड़ना), परेनिये (उड़ान), पेर्नातिए (पक्षी) इस क्रियामूल 'पर' की संतति हैं। इस 'पर' (उड़ना) से भोजपुरी 'पराइल' (भागना) वैसे ही संबंधित है जैसे जर्मन का 'फ्लीगॅन्' (उड़ना) जर्मन 'फ्लीहॅन' से और अंग्रेजी का 'फ्लाइ' (उड़ना) अंग्रेजी 'फ्ली' से। 'उड़ना' और 'भागना' तेज गति के कारण संबंधित हैं।

'पर्ण' का क्रियामूल 'पर्' है, 'पत्र' का क्रियामूल 'पत्' है। 'पत्' का एक अर्थ 'गिरना' होता है, दूसरा 'उड़ना'। 'उड़ने' और 'गिरने' का अन्तर ऊपर-नीचे का अन्तर है जैसे 'आना' और 'जाना' एक सापेक्ष क्रिया है। एक के लिए जो 'आना' है, दूसरे के लिए वही 'जाना' है। संस्कृत 'गम्' (जाना) का प्रतिरूप अंग्रेजी 'कम्' (आना) है। एक का अर्थ 'जाना' है, दूसरे का 'आना'। मॉन्प भाषा में 'वा' का अर्थ 'जाना' है, तमिल में 'वा' का माने 'आना' है। 'पर्' और 'पत्' इन दोनों का सम्बन्ध 'उड़ने' से है।

भोजपुरी का 'पतई' (पत्ता) संस्कृत 'पत्र' का विकास नहीं है अपितु संस्कृत का 'पत्र' ही उस शब्दबीज 'पत्' की कृत्रिमता है। इस 'पत्' में करण कारक का प्रत्यय 'त्र' को जोड़कर 'पत्&त्र' बना, जिसका अर्थ है–उड़ने का औजार यानी पंख। 'पतत्रम्' (पंख) और 'पत्रम' (पंख, पत्ता) एक-दूसरे का रूपान्तर है। भोजपुरी पतई (पत्ता), पताङ्गा (पताका; पतंग), पत्तलो (मूँज का डंठलयुक्त पत्ते), पत्तर (पतला बनाया गया धातु का टुकड़ा), पत्तल (पत्ते को गूँथकर बनाया गया पात्र), पतेला (बड़ा पात्र), पतरा (पत्रा; पंचाङ्ग), पातर (पत्ते की तरह क्षीणकाय; पतला); पाती (पत्री; चिट्ठी), फतिंगा (पत्ते की तरह उड़नेवाला पतिंगा; पतंग), सुपातर (सुपात्र; सुयोग्य) आदि का शब्दबीज 'पत्' है। इस 'पत्' के परिसरीय शब्दों की संख्या बहुतायत हैं। यह बात अलग है कि इस परिसरीय शब्दावली के अनेक शब्दों का केन्द्र में आ जाने की वजह से इनका भी अपना परिसर तैयार हो गया है।

'पत्' या 'पर्' में कहीं से भी उपयुक्तता, योग्यता, क्षमता अथवा पात्रता का अर्थावशेष नहीं दिखाई पड़ता है। एक ऊँची सामाजिक और सांस्कृतिक अवस्था में ही पात्र (बर्तन) और पात्रता (क्षमता; योग्यता) के बीच तालमेल स्थापित हो सका था। ''अथर्ववेद में द्रुवय शब्द दुंदुभि या नगाड़े के बने हुए बाहरी खोल के लिए आया है। (द्रुवयो विबद्ध :, अथर्व 5/20/2)। लगभग उसी प्रकार के गहरे लकड़ी के पात्र नाप-जोख के लिए काम में आने लगे थे। पाणिनि के समय तक द्रुवय शब्द ऐसे ही नपैनों के लिए रूढ़ हो गया है। (माने वय : 4/3/162)।''[2] इस घटना-क्रम को आढ़क, द्रोण और घट के परिप्रेक्ष्य में भी व्याख्यायित किया जा सकता है। चरक ने आढ़क और पात्र को एक-दूसरे का

पर्याय बतलाया है (कल्पस्थान, 12/94)। इसी 'आढ़क' का भोजपुरी प्रतिरूप 'अढ़िया' (एक प्रकार का काष्ठ-पात्र) है। भोजपुरी अंचल में जानवरों को लगनेवाली एक बीमारी 'अढ़ेया' ('अढ़िया' शब्द 'अढ़ेया' के नामकरण का आधार है) का इलाज इसी काष्ठपात्र 'अढ़िया' से किया जाता है जिसमें रोगग्रस्त पशु काँपता है।

'आढ़क' की तरह 'द्रोण' भी लकड़ी का एक पात्र विशेष था जिसमें वैदिक काल में सोम रखा जाता था। कालान्तर में यह 'द्रोण' एक प्रकार की पुरानी तौल का पर्याय हो गया जो कौटिल्य के हिसाब से दस सेर की होती थी। भोजपुरी का दोना/खदोना (पलास, महुए आदि के पत्तों को सींकों से खोंसकर बनाया जानेवाला कटोरीनुमा पात्र) और दोन (सिंचाई के लिए प्रयुक्त लकड़ी या धातु का एक लंबोतरा पात्र) इससे संबंधित शब्द हैं। भोजपुरी दोना और खदोना वैसी ही ध्वनिगत प्रक्रिया का परिणाम हैं जैसे हिन्दी खान और खदान।

चरक के अनुसार घट और द्रोण एक दूसरे के पर्याय हैं। स्पष्ट है कि मिट्टी का मटका 'घट' भी आढ़क और द्रोण की भाँति कालान्तर में गणित से जुड़ गया और माप-तौल का एक साधन बन गया। इसी 'घट' का भोजपुरी प्रतिरूप 'घइला' है जो आज भी भोजपुरी अंचल के किसानों के लिए वर्षा का पानी मापने का एक साधन है।

'पर्ण' और 'पत्र' का एक पर्याय 'पल्लव' है। इस पल्लव-गोत्र के शब्द भी भोजपुरी में मौजूद हैं। भोजपुरी जनता आम के 'पल्लो' (पल्लव, पत्र) को पवित्र मानती है और इसका इस्तेमाल शुभ कार्यों में करती है। यहाँ का किसान भी खेतों में धान के पत्तों को ज्यादा बढ़ जाने पर 'पलई मारता' (पत्तों को काटना) है। 'पल्' और 'पर्' एक-दूसरे के प्रतिरूप हो सकते हैं, जैसे संस्कृत का 'ज्वल्' (जलना) और 'ज्वर्' (गर्म होना)। संस्कृत 'पालक' का एक अर्थ 'पालक' नाम का साग (एक प्रकार का पर्ण अथवा पत्ता) होता है, दूसरा 'बाज पक्षी' भी। तमिल 'पारु' (क्रियामूल 'पर्') माने 'बाज' होता है और संस्कृत 'पत्रिन' (क्रियामूल 'पत्') माने भी 'बाज' होता है। फारसी 'बाजू' का एक अर्थ पक्षियों का डैना' (पंख) होता है जैसे 'पर्ण' और 'पत्र' का एक अर्थ 'पंख' होता है।

भोजपुरी 'दोल्हा-पाति' (भोजपुरी अंचल का खेल 'दोल्हा-पाति' प्राचीन भारत में 'पाल्लवा' कहलाता था जिसमें वृक्ष की लचीली शाखाओं का इस्तेमाल होता था) का 'पाति' क्रियामूल 'पत्' से वैसे ही सम्बन्धित है जैसे हिन्दी 'साग-पात' का 'पात'। भोजपुरीभाषी क्षेत्र में साग-पात उपजानेवाली जाति को 'कोइरी' कहा जाता है। जैसे तेलगू में 'काय' का अर्थ 'कच्चा फल' होता है, वैसे ही तमिल में 'काय्' का अर्थ 'कच्चा फल' होता है। जैसे तेलगू में 'कायु' क्रिया का अर्थ 'फल लगाना' होता है, वैसे ही तोद में 'कोय्' क्रिया का अर्थ 'फल लगाना' होता है। कुइ में इसी 'काय्' का प्रतिरूप 'काउ' का अर्थ 'गुठली' होता

है। ''द्रविड़ में काय् पूरे शाक वर्ग के साथ जुड़ा हुआ है : पाकल्काय्, ते. काकरकाय, मल. पावकक्य, कन्न. हागलकाई=करेला; त. दोण्डैक्काय्, मल. कोवाई, कन्न. दोण्डैकायि=कुन्दरू; त. कात्तुवरै, कन्न. गोरिकायि=गुवार फली; त. कत्तरिक्काय्, ते. वंकाय, कन्न. बदनेकायि आदि।''[3] इसी 'काय्' का भोजपुरी प्रतिरूप कइ/कोआ/कोइ/कोय हैं। इस शब्दमूल के बहुत सारे शब्द भोजपुरी में मौजुद हैं : कइलाइल (आम की गुठली का प्रौढ़ होना), कोआ (कटहल का बीज), कोइना (महुए का बीज), कोइ (य) री (साग-सब्जी उपजानेवाली एक जाति), कोइली (आम की गुठली), पच (त) कोंआ (जिसका फल अविकसित हो), भटकोंआ (एक छोटे-से पौधे का फल), मकोय (एक झाड़ी का फल)। इस 'काय्' का संस्कृत प्रतिरूप कहीं लक्षित नहीं होता, इसलिए इसकी व्याख्या द्रविड़ परिवेश में ही की जा सकती है गोकि रामचन्द्र वर्म्मा सरीखे ख्यातिलब्ध हिन्दी कोशकारों ने इसे संस्कृत से जोड़ा है।

सन्दर्भ-ग्रंथ

1. रामविलास शर्मा : भारत के प्राचीन भाषा परिवार और हिन्दी, खण्ड-1; राजकमल प्रकाशन, नयी दिल्ली (प्रथग संस्करण, सन् 1981); पृ. 211
2. वासुदेव शरण अग्रवाल : पाणिनिकालीन भारतवर्ष; मोतीलाल बनारसीदास, बनारस (प्रथम संस्करण, 2012 वि.) पृ. 241
3. भगवान सिंह : आर्य-द्रविड़ भाषाओं की मूलभूत एकता; लिपि प्रकाशन, दिल्ली (प्रथम संस्करण, सन् 1973) पृ. 33

भोजपुरी शब्दों के साथ एक यात्रा

भोजपुरी लोगों के मुँह से कुएँ के बदले 'इनार' शब्द का प्रयोग सुनते ही मन सहसा वैदिक भूमि की यात्रा पर निकल पड़ता है, जहाँ इन्द्र ने पतई के दोने में बँधे हुए जल को मुक्त किया था और दधीचि की हड्डियों से निर्मित वज्र से वृत्रासुर का वध किया था। वैदिककाल के बाद इन्द्र की महत्ता क्षीण होती दिखाई देती है। ब्रजमण्डल के कृष्ण ने उनके वज्र के दर्प को मिटा दिया था क्योंकि कूप के रूप में ब्रजवासियों को 'इन्द्रागार' (इनार) मिल चुका था। इसी इनार/इनारा को पश्चिम वाले 'इँदारा' कहते हैं। इन्द्र का इन्दर रूप उर्दू-पंजाबी में स्वीकृत है, पूरबी क्षेत्र की बोलियों में इसका इनर रूप चलता है। मौर्यकाल में छल्लेदार कुओं के कारण जल की पक्की व्यवस्था हो गयी, इसलिए यह आवश्यक नहीं रहा कि वर्षा का पानी निश्चित रूप से मिले। इस भाग-दौड़ में वैदिक इन्द्र पीछे हो जाते हैं और उन्हीं के प्रतिरूप लोकदेवता 'इनरासन बाबा' आगे आ जाते हैं जिनका वास कुएँ में होता है। यह इन्द्र का वेद से लोक की यात्रा है। एक ओर स्वर्गलोक से जलवृष्टि के देवता इन्द्र 'इनार' के रूप में धरती पर उतरते हैं और दूसरी ओर लोकमानस कूप के बदले 'इनार' शब्द को पाकर तृप्त हो जाता है।

लोकमानस का जादूगर अपनी जादुई छड़ी घुमाकर एक शब्द से कई भिन्नार्थक शब्दों को गढ़ लेता है। वह संस्कृत के 'इष्टका' शब्द से 'ईंटा' (ईंट) बनाता है&बिल्कुल स्थूल पदार्थ। फिर उससे सूक्ष्म पदार्थ 'ईंटिका' (ईंट के छोटे-छोटे टुकड़े) भी बना लेता है। लेकिन जादू तो जादू होता है। उसे और भी सूक्ष्म करके 'अँकड़ी' (ईंट का चूर्ण) बना देता है। उसके औजार चौतरफा काम करते हैं। वह कहीं से भी मिट्टी ले लेता है। सात समुन्दर पार वह इंग्लैण्ड जाता है और बॉक्स से 'बाकस', ऑनरेरी मजिस्ट्रेट से 'अनेरिया मजिस्टेट' तथा हॉफसोल से 'हप्‌सुल' गढ़ता है। अपनी यात्रा वह बेधड़क पूरी करता है। उसका तिलस्मी हथियार रेगिस्तान के बालू में भी काम करता है। कभी वह अरब की धरती से 'फज्र' को उठाकर 'फजीले' (प्रातःकाल) गढ़ लेता है और कभी फारस की जमीन से 'खिश्म' को लेकर 'खीस' (क्रोध)। तुर्की शब्द 'बुलाक' (नाक में जौ के आकार का आभूषण) को उसने बुलाकी के रूप में ढाल लिया है और

पुर्तगाली शब्द 'बाल्डे' को 'बालटी' (पानी आदि लाने का डोल जैसा पात्र) बना लिया है। यह सब लोकमानस की अनूठी कारीगरी है।

लोकभाषा का कारीगर शब्दों का निर्माण नहीं करता है वरन शब्दों को गढ़ता है। चेतना के धरातल पर शब्दों का निर्माता सजग होता है, सावधान होता है और कोश का पिछलग्गू होता है। लेकिन लोकमानस प्रायः इन चिन्ताओं से मुक्त होता है और शब्द जाने-अनजाने उसके शब्द-भंडार को भरते रहते हैं। 'चट्-चट्' की ध्वनि पर चटकी (चप्पल), 'फट्-फट्' की ध्वनि पर फटफटिया (मोटरसाइकिल) और 'छू-छू' की ध्वनि पर छूछूनर (चूहे की एक प्रजाति) शब्दों का गढ़न इसका ज्वलन्त प्रमाण है।

कबीर अपने 'परमतत्व' के बारे में कह गये हैं कि वह वैसा ही है, जैसा है- उसका कोई उपमान नहीं है, उसकी किसी से तुलना नहीं है। ठीक उसी प्रकार भोजपुरी में ऐसे बहुत सारे शब्द हैं जिनके पर्याय हिन्दी में नहीं मिलते हैं; यथा : अउँजाइल, अखाढ़ल, अड़गुड़ाह, आवाँसल, उखमँजल, उड़ासल, ओदारल, ओलार, कचरी, करमोवल, खँइच, खरकटल, खोइँछा, गादा, घेंच, चोन्हाइल, जहुआइल, झाँपी, टूँड़, ठेहा, ढाँसल, तिरछोल, थापी, थेथर, दउरी, दुलुकल, धधाइल, नोनिआइल, पागुर, फाँफर, बिजुकल, भकोसल, मेहराइल, रेंड़ा, लुँड़ियावल, सुबहित, हुरपेटल आदि। इन शब्दों के समक्ष हिन्दी शब्दकोश लाचार-सा हो जाता है और वह उनके अर्थ खोलने के लिए कई शब्दों का जमावड़ा जुटाकर उनकी व्याख्या करता है।

एक लम्बी यात्रा के बाद संस्कृत के बहुत सारे शब्द अब केवल कोश में रह गये हैं। हिन्दी की परम्परा ऐसे शब्दों के प्रति बेखबर हो गयी है। लेकिन भोजपुरी के शब्द-भण्डार में उन मृतप्राय शब्दों के परिवर्तित रूप मौजूद हैं। भोजपुरी का क्रियापद 'अहँड़ना' (पैरों से रौंदना) संस्कृत के अंह्रि' शब्द से निष्पन्न है। 'अंह्रि' शब्द के प्रति हिन्दी परम्परा बेखबर है और लोकभाषा भोजपुरी आज भी उसके अवशेष को अपनी परम्परा में ढो रही है। यह 'अहँड़ना' क्रियापद 'अंह्रि' से उसी प्रकार बनेगा जिस प्रकार 'नख' से 'नखोरना'। फर्क सिर्फ यह है कि 'खन्' क्रिया 'नख' संज्ञा बनती है और फिर 'नख' संज्ञा 'नखोरना' क्रिया बनती है, और इस दृष्टि से यह अपनी जीवन-यात्रा पूरी कर लेती है। लेकिन 'अहँड़ना' शब्द संज्ञा से केवल क्रिया बनकर अपनी अधूरी यात्रा पूरा करता है। संस्कृत वाङ्मय में जीर्ण-शीर्ण वस्त्र के लिए दो शब्द मिलते हैं- कर्पट और भाङ्गक। हिन्दी परम्परा ने 'कर्पट' से 'कपड़ा' शब्द बनाकर नये-पुराने (वस्त्र)—इन दोनों सन्दर्भों में प्रयोग किया है, जबकि भोजपुरी परम्परा ने 'भाङ्गक' के मूल अर्थ की रक्षा करते हुए 'भगई' शब्द बनाया है जो चिथड़े से बहुत दूर नहीं है। संस्कृत के 'अवस्कर' (कूड़ा-कर्कट) शब्द को तो हिन्दी भूल ही गयी है, परन्तु यह भोजपुरी में 'अलखर-जलखर' के रूप में जिन्दा है।

भोजपुरी लोकमानस की भाषा है, इसलिए यह आभिजात्य मानस से मुक्त है। कभी-कभी भोजपुरी भाषा आभिजात्य रूप में प्रकट होती है। भोज-भात के अवसर पर लोकमानस शुद्ध उच्चारण पर बल देता है और इसी सिलसिले में वह 'दाल' के बदले 'द्विल' का प्रयोग कर जाता है। भोजपुरी का यह 'द्विल' शब्द मध्यस्थ की भूमिका अदा करता है और हम आसानी से हिन्दी के 'दाल' एवं संस्कृत के 'द्विदलम्' शब्दों के बीच सम्बन्ध स्थापित कर लेते हैं। ये भोजपुरी के शब्द भारत ही नहीं, अपितु कुछ मामलों में विदेशी शब्दों के साथ भी रिश्ता बताने में कामयाब हो जाते हैं। भोजपुरी का 'राउर' शब्द पश्चिम में 'रावल' है जो सीधे-सीधे इंग्लैण्ड के 'रॉयल' (राजकीय ठाट-बाट वाला) के साथ हमें जोड़ देता है। लोकन, अवलोकन, विलोकन जैसे हिन्दी के शब्दों का प्रयोग अक्सर कवित्वपूर्ण सन्दर्भों में होता है जबकि भोजपुरी क्रियापद 'लौकना' का प्रयोग हिन्दी में अशिष्ट माना जाता है। दोनों यानी शिष्ट-अशिष्ट में 'लोक्' (देखना) है जो अंग्रेजी के 'लुक्' के साथ अपना सम्बन्ध बताता है।

बच्चों के वे कार्य-कलाप जो तथाकथित आभिजात्य जीवन-शैली से ताल-मेल नहीं रखते हैं, भोजपुरीभाषी क्षेत्र में 'अनटी' कहलाते हैं और वैसे बच्चों को इस क्षेत्र में 'अबाटी' की संज्ञा दी जाती है। भोजपुरी का यह 'अबाटी' शब्द हिन्दी के बाट (मार्ग) में 'अ' उपसर्ग और 'ई' प्रत्यय जोड़कर बना है जो अपनी जोड़ी स्वयं है, जैसे राम की अँगूठी त्रेता में अपनी जोड़ी स्वयं थी। अबाटी-न हो बाट जिसका यानी जिसका कोई बना-बनाया रास्ता न हो, जो अपना रास्ता स्वयं बनाता हो; जिसका अपना व्यक्तित्व हो, जिसकी अलग पहचान हो। हमारा मार्ग तय है जैसे मर्यादा पुरुषोत्तम राम की राह तय थी। इसीलिए राम की कहानी को महर्षि वाल्मीकि ने उनके जन्म लेने के पहले ही लिख दिया था। बच्चे लीला पुरुषोत्तम होते हैं। उनके अटपटे पैर जहाँ भी पड़ते हैं, वहीं से एक नयी राह की शुरुआत हो जाती है। फिर भी वे कुमार्गी नहीं होते हैं, इसलिए कि वे ईश्वर को परिभाषित नहीं करते हैं। ईश्वर का आविष्कार हमने किया है, अपनी सुविधा के लिए। बच्चे स्वयं ईश्वर होते हैं। इसलिए उन्हें उनकी कोई जरूरत नहीं है। इसलिए वे अबाटी होते हैं, कुमार्गी नहीं। हम उनके स्वतंत्र व्यक्तित्व को कुचलना चाहते हैं, उनके ईश्वरत्व को खत्म करना चाहते हैं और उनके जीने के ढंग को अपनी जीवन-शैली में ढालना चाहते हैं। इसीलिए हम उन्हें अबाटी कहते हैं। हम अबाटी नहीं हो सकते हैं, भले ही कुमार्गी हो जायँ, तभी तो भोजपुरी का यह अबाटी शब्द केवल बच्चों के सन्दर्भ में प्रयोग किया जाता है, बड़े-बुजुर्गों के लिए नहीं।

ऋग्वेद के मंत्र द्रष्टाओं ने 'ऋत' के ह्रास पर आँसू बहाये हैं और उसकी फिर से बहाली के लिए कामनाएँ की हैं। उत्तर वैदिक काल में तो 'ऋत' पूर्ण रूप से गायब हो चुका था। यही वजह थी कि 'ऋतस्य गोपा' वरुण का ओहदा

नीचे गिर गया था। चारों तरफ अनृत का साम्राज्य छा गया और हमने बड़ी सावधानी के साथ ऋत की गम्भीर अवधारणा को बच्चों के सिर पर मढ़ दिया। हम तो साफ बच गये, लेकिन बच्चों की तमाम बचकानी हरकतें 'अनटी' की परिधि में सिकुड़ गयीं।

गाँव के चरवाहे पशुओं को भागने से रोकने के लिए उनके पैर अथवा गर्दन में एक भारी लकड़ी बाँध देते हैं जिसका नाम 'अड़गोड़ा' है क्योंकि यह गोड़ (पैर) में भागते वक्त अड़ने (रोकने) लगता है। यह 'अड़गोड़ा' उनकी तेज गति में बाधा डालता है। परिणामतः जानवरों के तेज दौड़ने का कार्य कठिन हो जाता है। हिन्दी के इस अड़गोड़ा शब्द में 'आह' प्रत्यय लगाकर भोजपुरी का एक विशेषण 'अड़गुड़ाह' बना, जिसका माने होता है–(कार्य) जो सरलता या आसानी से न किया जा सके। लेकिन भोजपुरी के 'अटपटाह' विशेषण का प्रयोग 'अड़गुड़ाह' से विस्तृत सन्दर्भों में किया जाता है, जहाँ सिर्फ कार्य ही नहीं अपितु आकार, क्रम, ढंग, शैली आदि सभी के सन्दर्भ शामिल हो जाते हैं।

भोजपुरी के दो शब्द 'अकसरूआ' और 'अकसरहाँ' पहली नजर में एक मूल के लगते हैं; किन्तु वास्तविकता यह है कि ये क्रमशः हिन्दी और अरबी भाषा के शब्द हैं। जिस शब्द को विद्यापति 'एकसर' (अकेला) लिखते हैं और तुलसीदास 'अकसर' (अकेला) लिखते हैं, उसी शब्द को भोजपुरीभाषी लोग अपना लोक प्रत्यय लगाकर 'अकसरूआ' कहते हैं। हिन्दी में यह विशेषण और क्रिया विशेषण दोनों है, किन्तु भोजपुरी में यह सिर्फ विशेषण है। दूसरी तरफ, 'अकसरहाँ' क्रिया विशेषण है, जो अरबी 'अक्सर' का प्रतिरूप है, जिसका अर्थ प्रायः, बहुधा, अधिकतर इत्यादि होता है। खैर, अकसरूआ और अकसरहाँ में तो वर्ण-वैषम्य भी है कभी-कभार शब्द विभिन्न मूलों से चलकर एकाकार हो जाते हैं और हमें प्रयोग के आधार पर उनके मूल तक पहुँचना होता है। भोजपुरी में 'कानी' के तीन अर्थ होते हैं- (1) वह स्त्री जिसकी एक आँख खराब या विकृत हो चुकी हो। (2) हाथ की सबसे छोटी अंगुली। (3) पतंग के झुकने की विपरीत दिशा में दिया जानेवाला वजन। किन्तु इन तीनों का सम्बन्ध संस्कृत के क्रमशः तीन भिन्न-भिन्न शब्दों काण, कनिष्ठिका और कोण से है। ऐसे ही भोजपुरी में 'आन' के तीन अर्थ चलते हैं। पहला वह जो भोजपुरी के पदों में दिखते हैं, जैसे आन कोई (कोई दूसरा), आन गाँवें (दूसरे गाँव में), आन बेर (पहले)। इसका सम्बन्ध संस्कृत 'अन्य' से है। दूसरा संज्ञा के अर्थ में चलता है। कोठिला के निचले छेद को, जिससे अनाज बाहर निकला जाता है, भोजपुरी में 'आन' कहते हैं जिसका सम्बन्ध संस्कृत 'आणक' से है। तीसरा वह है जो प्रतिज्ञा, परम्परा और गौरव की भावना के पर्याय के अर्थ में चलता है जिसका सम्बन्ध अरबी 'आन' से भी हो सकता है, संस्कृत 'आणि' से भी।

शब्दों का समाज और संस्कृति से गहरा जुड़ाव होता है। भोजपुरी अंचल

में पुत्र की प्राप्ति के लिए छठ व्रत किया जाता है तथा पुत्र के जीवन की रक्षा के लिए 'जिउतिया' भूखी जाती है। हमारे यहाँ जिउतिया का उपवास 'सतपुतिया' खाकर रखने की परम्परा है। भोजपुरी का जिउतिया शब्द संस्कृत के 'जीवत्पुत्रिका' का अपभ्रंश रूप है, जबकि सतपुतिया संस्कृत के 'सप्तपुत्रिका' शब्द से बना है। सतपुतिया के झोंप में औसतन सात बतिया लगते हैं, और इस व्रत के दिन सतपुतिया खाने के पीछे कम से कम सात पुत्र की प्राप्ति तथा उनके दीर्घ आयुष्य की कामना का भाव मुख्य रूप से छिपा है। इस व्रत के दिन सतपुतिया खाने की यह प्रथा उस समय से चली आ रही है जब दवा-दारू के अभाव में हैजा, प्लेग, चेचक आदि महामारियों से गाँव के गाँव वीरान हो जाते थे। उस जमाने के लोग ज्यादा से ज्यादा संतानोत्पत्ति की कामना किया करते थे। किन्तु , अब जबकि चिकित्सा-विज्ञान विकसित हो चुका है और हमें भी छोटे परिवार की अपेक्षा है, तब इस सतपुतिया खाने की प्रथा का कोई औचित्य नहीं जान पड़ता है।

संस्कृत में 'कन्या' का अर्थ अविवाहित लड़की होता है। परन्तु भोजपुरी में उसी के प्रतिरूप कनियाँ/कनेया का अर्थ नवविवाहिता वधू है। कन्या का यह अर्थादेश भोजपुरी समाज में व्याप्त बाल-विवाह के इतिहास को सावधानी से खोलता है। आप्टे ने अपने 'संस्कृत-हिन्दी कोश' में 'कन्या' का एक अर्थ 'दशवर्षीय कन्या' दिया है। विवाहोपरान्त वह दसवर्षीय कन्या अपने नैहर के सम्बोधनसूचक शब्द 'कन्या' को अपने साथ ससुराल ले गयी और इस शब्द के अर्थ पर बिना विचार किये ससुरालवाले भी उसे कनियाँ/कनेया कहकर पुकारने लगे। इस प्रकार इस शब्द का अर्थादेश उस युग का दस्तावेज है जिस युग में नारी का गौरवशाली पद नीचे खिसकने लगा था।

अर्थादेश की भाँति अर्थोत्कर्ष एवं अर्थापकर्ष भी शब्दों की दुनिया में होते रहते हैं। सांप्रदायिक ताकतों ने बौद्ध एवं जैन इन दोनों मतों के शिष्ट शब्दों का इस्तेमाल घटिया अर्थों में किया है ताकि इन साफ-सुथरे मतों का शाब्दिक विरोध किया जा सके। बुद्ध के अनुयायी बौद्धों को 'बुद्धू' यानी मूर्ख का पर्याय बना दिया गया। इसी प्रकार जैन साधु जो प्रायः नंगे रहते थे और जिनमें केश-लुंचन की परम्परा थी, इन दोनों ही शब्दों में घटिया भाव डालकर उनका अर्थापकर्ष किया गया। नग्न से 'लंगा' बना और लुंचन से 'लुच्चा'। इन दोनों आदरवाची शब्दों को हेयार्थक बनाकर उन ताकतों ने अपने कार्य की सिद्धि की। ऐसे ही अशोक युग के एक सम्मानित संप्रदाय पाखण्ड से 'पाखण्डी' बना जो ठोंग का वाचक हो गया।

धार्मिक उन्माद ने जिस तरह से विधर्मगत शब्दों का अर्थापकर्ष किया है वैसे ही जातीय अहं ने भी विजातिगत शब्दों का अर्थापकर्ष किया है। पूर्व मध्ययुग में हूणों तथा उजबेकों का आगमन हुआ। ये दोनों जातियाँ विदेशी थीं। नस्लवाद

ने इन दोनों पर धावा बोला और भ्रष्ट कर दिया। हूण मंगोलों की एक जाति है और उजबेक तातारियों की एक जाति है। भोजपुरी में 'हुँड़हा' लुटेरे और दबंग व्यक्तित्व के आदमी को कहा जाता है जबकि 'उजबुक' मूढ़ का पर्याय है। मध्ययुग में मुसलमानों के साथ-साथ लहेरा भी आये जो लाख (लाह) की चूड़ियाँ बनाते थे। भोजपुरी के लखैरा और लहेंड़ा (आवारा) का सम्बन्ध इसी लहेरा से है जो अशिष्टता और असभ्यता के वाचक शब्द हैं। किसी जाति, राष्ट्र, धर्म या भाषा के प्रति जब जैसी भावना होती है, उसकी छाया उनके शब्दों के अर्थों पर भी पड़ती है। आर्येतर परिवार के 'पिल्ला' (लड़का या किशोर का समानार्थी) शब्द का आर्यों ने कुत्ते के बच्चे के लिए प्रयोग किया है। स्वयं आर्य परिवार की भाषाओं के शब्द भी इस मानसिकता के शिकार हुए हैं। ईरानियों के प्रति हमारा दृष्टिकोण बदलते ही देवतावाची 'असुर' शब्द राक्षस का पर्याय हो गया। भोजपुरवासी भी किसी से कम नहीं हैं। इन्होंने भी नेपाल की एक जंगली जाति 'चाँईं' का अर्थापकर्ष उचक्के के रूप में कर डाला।

अश्विनीकुमार देवताओं के वैद्य थे। इनकी संख्या दो बतायी जाती है। हो सकता है कि एक का नाम 'अश्विनी' रहा हो तथा दूसरे का 'कुमार' अथवा अश्विनी के गर्भ से पैदा होने के कारण वे दोनों पुत्र अश्विनीकुमार कहलाये हों। खैर, अश्विनीकुमार एक भी शब्द रहा होगा तो भी आश्विन और कुआर (क्वार महीना) को पर्याय होना ही था जैसा कि 'बलिवर्द' के साथ घटित हुआ। 'बलिवर्द' बीच से ही टूट गया, और उसके पूर्व खण्ड से 'बैल' शब्द बना तथा उत्तर खण्ड से 'बरधा' शब्द बना। फिर दोनों एक-दूसरे के पर्याय हो गये। भोजपुरी में 'कुमार' का विकास दो अर्थों में हुआ है—कुआर (आश्विन) और कुँआर (अविवाहित)। भोजपुरी क्षेत्र में कुआर से 'कुआरी' (क्वार में पकनेवाला एक प्रकार का धान) तथा कुँआर से 'कुँअरथ' (कुँआर होने की अवस्था) शब्दों का निर्माण हुआ। यह 'कुँअरथ' वैवाहिक कर्मकाण्ड का तकनीकी शब्द है। विवाह से पहले वर और कन्या इन दोनों का 'कुँअरथ' उनकी फुआ उतारती है और इस कुँअरथ का भोज खाने के बाद अगला भोजन विवाहित जीवन में ही लिया जाता है।

वैदिक संस्कृत का 'गो' शब्द शायद सबसे ज्यादा उर्वर रहा है। इसकी कोख से न जाने कितने शब्द निकले हैं—गधबेर, गरु, गरुआरी, गोइँठा, गोहरउल, गोहरा, गोहरावल, गोहार, गोधना, गोतिनी, गोतिया। भोजपुरी का 'गहूँ' भी इसी 'गो' की संतान है। आगे चलकर 'गहूँ' से 'गहूँअन' का विकास हुआ जो एक विषधर सर्प का वाचक हो गया। 'गहूँअन' तो लक्ष्यार्थ है—गेहूँ के रंग का जैसे फारसी की सब्जी और स्याही यानी सब्ज और स्याह रंग का। किन्तु इस शब्द की यात्रा अभी समाप्त नहीं हुई है बल्कि यह आगे बढ़कर 'गहुआन' में तब्दील हो जाता है। भोजपुरी में वर्षा के पानी के तेज प्रवाह को 'गहुआन' कहते हैं—बिल्कुल गेहुँअन की तरह फुफकारते और गतिशील ! शब्दों की यह

यात्रा डार्विन के विकासवाद का अनुसरण नहीं करती है। विकास की प्रक्रिया में जल पहले बना, तब जलचर और थलचर। इस सिद्धान्त से 'गहुआन' पहले बहा, तब 'गहूँअन'। किन्तु शब्दों की विकास-प्रक्रिया यहाँ ठीक इसके विपरीत है; पहले 'गहूँअन', तब 'गहुआन'। शब्दों के विकास की इस प्रक्रिया को हम जितनी सहजता से समझ लेते हैं, उससे कई गुना कठिन है सृष्टि के विकास की प्रक्रिया को समझना। 'गहूँ' से 'गहुँआठी' शब्द बनेगा, 'गहुँआठी' से 'गहूँ' शब्द नहीं बनेगा। हालाँकि 'गहुँआठी' के रूप में ही इसका पहला इस्तेमाल हुआ, और न भी हुआ तो इसका नामकरण अवश्य हुआ जैसा कि गोधूम, गोहुम और गन्दुम शब्द से स्पष्ट है। भाषा की दृष्टि से 'गहूँ' पहले बना, 'गहुँआठी' बाद में। परन्तु प्रकृति में पहले कौन बना—गहूँ या गहुँआठी ?—इसका उत्तर आसान नहीं है।

भोजपुरी वाक्यों में शब्दों का जड़ाव बहुत सटीक होता है। कभी-कभी यह साहित्य की गम्भीर स्थापनाओं को खोलता है। खड़ी बोली में कथाकार से कहानी कहने का आग्रह किया जाता है किन्तु भोजपुरी में कथक्कड़ से 'एगो कथा कढ़ाईं' कहकर निवेदन किया जाता है। 'कहना' ऊपर-ऊपर हो सकता है लेकिन 'कढ़ाना' केवल भीतर से होता है। कढ़ाने में दिमाग को भटकने का अवकाश नहीं मिलता है जबकि कहने के लिए मस्तिष्क और हृदय का तालमेल जरूरी नहीं है। इसलिए कढ़ाना विशुद्ध हृदय की चीज है जहाँ कथक्कड़ कहानी की दुनिया में खो जाता है—लीन हो जाता है। साहित्य के क्षेत्र में यह आत्म-विसर्जन है।

भोजपुरी का एक आशीर्वचन 'जिअऽ जागऽ' खड़ी बोली के कई आशीर्वचनों से अपने संश्लिष्ट व्यक्तित्व के कारण भास्वर एवं विशिष्ट है। बेहोशी में जीना कोई जीना नहीं है, जीना तो पूरे होशो-हवास के साथ जीना है। नाली का कीड़ा-मकोड़ा भी जीता है। लेकिन उसके जीने में और मनुष्य के जीने में फर्क होना चाहिए। भोजपुरी का यह आशीर्वचन इस फर्क को स्पष्ट करता है। जीओ—सचेत होकर जीओ—जागते हुए जीओ।

बढ़नी प्रत्येक सुबह घर से कुछ न कुछ घटाती है लेकिन उसका नाम बढ़नी रखा गया है—आँख का अंधा, नाम नयनसुख। चूँकि बढ़नी गन्दगी घटाती है और भारतीय संस्कृति में यह माना गया है कि एक साफ-सुथरे घर में ही लक्ष्मी का निवास होता है। इसलिए बढ़नी घटाने के बजाय श्री-वृद्धि करती है। बढ़नी तो लघुत्व प्रयोग है, इसके गुरुत्व रूप 'बढ़ावन' को भोजपुरी वाले 'बाबा' के समकक्ष मानते हैं। इसीलिए खलिहान में अनाज की ढेरी पर स्थापित गोबर और पुआल के देवता को 'बढ़ावन बाबा' कहा जाता है। भोजपुरी संस्कृति में ऐसी मान्यता है कि ये गोबर के बाबा अनाज की राशि को दिन दूना रात चौगुना बढ़ाते रहते हैं।

इस बढ़ावन बाबा को लेकर भोजपुरी में एक अति सुन्दर और मार्मिक लोकोक्ति चलती है–'रामे कहत बढ़ावन गिरलन'। सूखे की स्थिति में एक रिश्तेदार अपने एक किसान रिश्तेदार से पूछता है कि इस साल खलिहान में अनाज कितना हुआ है ? इसी प्रश्न के जवाब में वह पीड़ित किसान इस लोकोक्ति के माध्यम से अपने दुखड़े को भोजपुरी संस्कृति में लपेटकर एक ही पंक्ति में बयान कर डालता है। गणना के सिलसिले में एक शब्द को अशुभ माना जाता है क्योंकि भारतीय मानसिकता को भावी से डर है, कहीं ऐसा न हो कि एक के बाद ही हमारी गणना का क्रम टूट जाय और आगे का सारा खेल इसी 'एक' पर बिगड़ जाय। इसीलिए भोजपुरी किसान अनाज तौलते वक्त पहली धारा को 'रामः' कहता हैं, एक नहीं। भारतीय दर्शन में भी इसी वजह से एकवाद नहीं चला। द्वैतवाद चला और एकवाद के बदले अद्वैतवाद चला। परन्तु उस किसान का दुर्भाग्य देखिए कि 'राम' कहते ही बढ़ावन बाबा धरती पर धम्म से गिर गये। तात्पर्य यह है कि उस साल उसके खलिहान में इतनी छोटी अनाज की ढेरी थी कि पहली धारा तौलते ही बढ़ावन बाबा ऊपर से नीचे आ गये। न बाबा ने बचाव किया, न राम ने रक्षा की।

भोजपुरी शब्दों के साथ की गयी इस यात्रा का उद्देश्य किसी खास मुकाम पर पहुँचने की तैयारी नहीं है बल्कि यह भोजपुरी शब्द-संसार का खुला सैर-सपाटा है–बिल्कुल उन्मुक्त, निर्द्वन्द्व। यह यात्रा अनन्त है-हरि अनन्त हरि कथा अनन्ता। यह अलग बात है कि इस यात्रा के क्रम में उप-उत्पाद की तरह कुछ समाजशास्त्रिय चीजें हासिल हो जाय।

आर्यवादी निर्वचन के तीन नमूने वेद, पुराण और मनुस्मृति से

भारतीय परम्परा में वेदों को अपौरुषेय माना गया है-"अपौरुषेय वेदाः अपौरुषेय प्रतिष्ठः सुवर्णबिन्दुरित्याख्याते (मा. 9)।" यानी जो मनुष्य द्वारा न स्थापित किया गया हो, इसलिए वैदिक मंत्रों के रचनाकार नहीं होते अपितु इनके मंत्र-द्रष्टा होते हैं। ये मंत्र-द्रष्टा अपनी रचनाओं के लिए सीधे-सीधे जिम्मेवार नहीं होते क्योंकि वे साक्षी मात्र हैं। इस स्थिति में वैदिक मंत्रों में की गयी शब्दों की व्युत्पत्ति पर आत्मप्रक्षेपण की छाया देखना पहली नजर में बेईमानी लगती है।

अपकामं स्यन्दमाना अवीवरत वो हिकम्।
इन्द्रो वः शक्तिभिर्देवीस्तस्माद्वार्नाम वो हितम्।।
एको वो देवोऽप्यतिष्ठत् स्यन्दमाना यथावशम्।
उदानिषुर्महीरिति तस्मादुदकमुच्यते।।

(अथर्ववेद, 3/13/3-4)

(इच्छा न रहते हुए भी इन्द्र ने तुम्हें अपनी शक्ति से वरण किया इसलिए तुम्हारा नाम वारि हुआ। इन्द्र ने एक बार तुम पर आधिपत्य जमाया। इन्द्र के महत्व के कारण जलों ने अपने को बड़ा मानकर उदन किया तभी से वे उदक हुए।)

(भाष्य.–पं. श्रीराम शर्मा आचार्य)

इन मंत्रों में वैदिक देवता इन्द्र का वर्चस्व साफ झलकता है जिनकी स्तुति में केवल ऋग्वेद में लगभग अढ़ाई सौ ऋचाएँ हैं अर्थात् ऋग्वेद का चतुर्थांश इनकी स्तुतियों से ही भरा है। इसलिए जल के पर्याय वारि और उदक के निरुक्त पर भी इन्द्र हावी हो गये हैं। इससे भी बड़ी विडम्बना यह है कि इस सूक्त के देवता 'आप वरुणः' हैं यानी इसके केन्द्र में 'आप वरुणः' (जल) हैं। इसलिए वारि और उदक की व्युत्पत्ति जल के चरित्र को केन्द्र में रखकर होनी चाहिए थी, लेकिन शक्ति के जोर से इन्द्र केन्द्र में आ गये तथा जल के दोनों पर्याय उसकी परिधि पर बिखर गये। यही वजह है कि इन दोनों शब्दों का

निर्वचन इन्द्र को केन्द्रीय चरित्र मानकर किया गया है जो आर्यवादी निर्वचन का नमूना है।

जल का केन्द्रीय चरित्र है–'बहना'। "चलने से जैसे हवा का सम्बन्ध है, वैसे ही पानी का। वा क्रिया से एक शब्द बना वायु तो दूसरा बना वारि। तुलनीय हैं तमिल वार् (बहना), वारि (पानी निकालने की नाली), तेलगू वारु (बहना), कुइ-वारु (धारा) (डी. ई. डी. श. सं. 4387), तमिल-वऴि (बहना) (उप., श. सं. 4334), तेलगू–वन्त (नाला), कोलामि-वन्ता (नदी) (उप., श. सं. 4281)।"[1] ऐसे ही संस्कृत में जल के पर्याय उद, उदन् और उदक का क्रियामूल 'उद्' है जिसका अर्थ 'बहना' होता है। हिन्दी प्रदेश की जनपदीय बोलियों में इसके विभिन्न प्रतिरूप मिलते हैं। भोजपुरी तथा मगही दक्षिण बिहार की बोलियाँ हैं जिसमें **ओदा** का अर्थ 'गीला' होता है। पूरबी हिन्दी की बोली अवधी में यह **ओद** अथवा **वाद** के रूप में मिलता है। इण्डोयूरोपियन भाषाओं में **वोद**-जल (रूसी), **हुदोर्**-जल (ग्रीक) और **उदुस्**-भीगा (लैटिन) इसीके प्रतिरूप हैं। द्रविड़ परिवार की भाषाओं में भी इसके प्रतिरूपों को लक्षित किया जा सकता है; यथा : **तमिल**-ओदम् (बाढ़, लहर, समुद्र), **कुइ**-ऊदलि (भीगना) आदि। तुलु में इसके दो रूप मिलते हैं जो 'गीला' के अर्थ में प्रयुक्त होते हैं–पहला '**ऑद्दँ**' और दूसरा '**वॅद्दे**'।

'बहना' वह क्रिया है जो जल के पर्याय वारि और उदक के नामकरण का आधार बनती है। इसके विपरीत वैदिक युग के शक्तिशाली चरित्र इन्द्र की क्रियाएँ इन दोनों शब्दों के निरुक्त पर जबरदस्ती आरोपित हैं। इस प्रकार मंत्र-द्रष्टा इन्द्र को एक हथियार के रूप में इस्तेमाल करके अपनी स्थापनाओं को निर्वचनशास्त्र में प्रक्षेपित करता है और अपनी जिम्मेवारी को स्वयं को साक्षी मात्र मानकर किसी अदृश्य सत्ता में अन्तरण करता है। इस हालत में इन दोनों शब्दों की व्युत्पत्ति एक तिहरे षड्यंत्र का शिकार हो जाता है।

X X X

पुराण के पाँच लक्षण कहे गये हैं–"सर्गश्च प्रतिसर्गश्च वंशो मन्वन्तराणि च। वंशानुचरितं चेति पुराणं पन्चलक्षणम्।।" इसलिए तत्त्वोत्पत्ति एवं महाभूतों की सृष्टि से ऐतिहासिक राजवंशों के विशिष्ट महापुरुषों तक का वर्णन इन पुराणों में पाया जाता है। पुराणों के ये लक्षण इन्हें प्राचीन से प्राचीनतम रचना सिद्ध करने की सुविधा मात्र हैं। इसी वजह से इनकी बात की शुरुआत सर्ग-प्रतिसर्ग से होती है वरना ये अपनी प्राचीनता के दावे को खो बैठेंगे। इसके अलावा और बहुत-सी सुविधाएँ भी अपने इस उद्देश्य की सिद्धि के लिए इनमें जुटायी गयी हैं। उन्हीं सुविधाओं में से एक मानव जाति की प्रगति के उन्नायक महाराज पृथु का उपाख्यान भी है।

"राजा पृथु ने अपने धनुष की कोटि से हजारों पर्वतों को उखाड़-उखाड़कर एक ही स्थान पर एकत्र कर दिया। इससे पहले पृथ्वी समतल नहीं थी, तथा

पुर, ग्राम आदि का विधान भी नहीं था। कृषि, व्यापार आदि का नियमित क्रम भी नहीं था। इन सबका प्रारम्भ वेनपुत्र पृथु के शासनकाल में ही हुआ।''

(वि. पु. 1/13/82, 83, 84)

आगे इसी उपाख्यान को पृथ्वी की व्युत्पत्ति के साथ सावधानीपूर्वक जोड़ दिया गया है।

प्राणप्रदानात् स पृथुर्यस्माद्भूमेपभूत्पिता।
ततस्तु पृथिवी संज्ञामवापाखिलधारिणो।।

(वि. पु. 1/13/89)

(पृथ्वी को प्राणदान करने के कारण राजा पृथु उसके पिता हुए इसलिए उस धरित्री का नाम पृथ्वी हुआ।)

पूरे वैदिक वाङ्मय की छानबीन से पता चलता है कि 'पृथिवी' शब्द का प्रयोग प्राचीनतम है। 'पृथ्वी' शब्द का जन्म बाद में होता है। यहाँ तक कि पुराणकार ने भी वेनपुत्र पृथु को 'पृथिवी' से जोड़ा है, पृथ्वी से नहीं। वी. एस. आप्टे के 'संस्कृत : हिन्दी कोश' में निम्नांकित शब्दों की व्युत्पत्तियाँ विचारणीय हैं :

पृथिवी : प्रथ्+षिंवन् , संप्रसारणम्।
पृथ्वी : पृथु+ङीष्।
पृथु : प्रथ्+कु , संप्रसारणम्।

पृथु से प्राचीनतम शब्द 'पृथिवी' का कोई सीधा तालमेल नहीं बैठता। इसके विपरीत राजा पृथु का ही नामकरण 'प्रथ्' धातु की देन है क्योंकि उन्होंने पहली बार पृथ्वी को समतल किया था हालाँकि इसमें सन्देह है। पृथ्वी को किसी व्यक्ति-विशेष ने समतल नहीं किया है बल्कि पृथ्वी अपने स्वभाव से समतल है। इसका व्यापक फैलाव ही इसके नामकरण का आधार है। भोजपुरी और मगही का 'परथन' रोटी को चकले पर फैलाता है, इसलिए वह परथन है। किन्तु ऐसा व्युत्पत्तिक सम्बन्ध राजा पृथु और पृथ्वी के बीच नहीं है। वेनपुत्र पृथु भारत के पौराणिक पात्र हैं जबकि संस्कृत प्रथ् (फैलाना) के विभिन्न प्रतिरूप इण्डो-यूरोपियन परिवार की भाषाओं में मौजूद हैं : **ग्रीक**–प्लतुस् (चौड़ा); **लैटिन**–प्लैनस् (फैला हुआ, विस्तृत); **पश्तो**–प्लन् (समतल); **अंग्रेजी**–प्लेन (चौरस, सपाट) या फ्लैट् (फैला हुआ, चपटा)।

राजा पृथु और पृथिवी का यह उपाख्यान वैन्य के शक्तिशाली व्यक्तित्व से संचालित होता है। उपाख्यान का विकास बाद में होता है, राजा पृथु की अवधारणा दिमाग में पहले उपजती है। विषय बाद में विस्तार पाता है, शीर्षक पहले ही उसके शीर्ष पर कुण्डली मारकर बैठ जाता है। परिणामतः विषय एकदिश और बौना हो जाता है। इसीलिए पृथ्वी गिड़गिड़ाती है, काँपती है,

भागती है, झुकती है (वि. पु. 1/13/70,72,73,77)। इतना ही नहीं, वह अपने नाम की पहचान भी गँवा बैठती है। इसके विपरीत पुराणकार इस उपाख्यान से फायदा उठाकर अपनी सुविधा की उस स्थिति में आ जाता है जिसकी बदौलत वह अपनी रचना को प्राचीनता का केंचुल ओढ़ा सके। यही वजह है कि पुराण-युग में इस उपाख्यान को अपने में जोड़ लेने की एक होड़ लगी हुई थी वरना उनकी प्राचीनता में बट्टा लग जाता। मत्स्य पुराण, श्रीमद्भागवत पुराण, वायु पुराण, ब्रह्माण्ड पुराण, विष्णु पुराण-सभी ने अपने-अपने कथा-संसार में इस उपाख्यान को स्थान दिया है। प्रत्येक पुराण अपनी प्राचीनता की सिद्धि के लिए एक से बढ़कर एक ऐतिहासिक- अनैतिहासिक घटनाओं का भ्रमजाल रचता है। वह इतिहास में पीछे लौटने की होड़ में इतना पीछे जाना चाहता है कि इतिहास निश्शेष हो जाय। इस भाग-दौड़ में वह सृष्टि का आरम्भ और विविध प्रकार के प्राणियों की उत्पत्ति से ही संतुष्ट नहीं होता अपितु वह इसे भी लाँघकर काल के स्वरूप की भी चर्चा करता है। फिर कृषि के आविष्कारक और पृथ्वी को समतल बनानेवाला पहला व्यक्ति उसकी विषय-सूची से बाहर कैसे हो सकता था ?

X X X

हिन्दू विधि-विधान के सिलसिले में मनु मांस-भक्षण के विधि-निषेध की धार्मिक व्याख्या करता है और कुछ रियायतों के साथ वह मांस-भक्षण को खारिज करता है। उसके जेहन में समाज का एक धर्मशास्त्रानुमोदित ढाँचा मौजूद था। उसका सोच अपने पूर्वज स्मृतिकारों का अनुगामी था। उसके संस्कार और व्यक्तित्व एक खास किस्म की व्यवस्था में विश्वास से आक्रांत थे। ऐसे सामाजिक ढाँचे और व्यवस्था में मांस-भक्षण खपता नहीं था। इसलिए मनु मांस को अभक्ष्य साबित करने के लिए कई तरह के हथकण्डों का इस्तेमाल करता है। वह पुनर्जन्म का हवाला देते हुए कहता है कि जो मनुष्य वैदिक विधि का उल्लंघन करके पशुहिंसा करता है वह पशु के शरीर में जितने रोम होते हैं, उतनी ही बार मरण के बाद जन्म लेकर प्रत्येक जन्म में उस पशु के हाथों मारा जाता है (मनु. 5. 38)। वह प्रलोभन भी देता है कि जो पुरुष किसी भी प्राणी की हिंसा नहीं करता है, वह जिस वस्तु की अभिलाषा करता है उस वस्तु को बिना उद्योग के ही पा जाता है (मनु. 5.47)। वह पाप-पुण्य-स्वर्ग और मांस-भक्षण के बीच एक सीधा रिश्ता कायम करता है तथा मांस-भक्षण-अभक्षण को केन्द्र में रखकर इस त्रिभुज के हर कोण पर पहुँचने की सुविधा देता है। (मनु. 5.46, 52, 53)। मांस-सेवन के औचित्य-अनौचित्य के सवाल पर अपने दृष्टिकोण को सम्पुष्ट करने के लिए वह आखिरी शस्त्र के रूप में व्युत्पत्तिशास्त्र का सहारा लेता है और अपने पूर्व विद्वानों का एक पारम्परिक एवं मनगढ़न्त निरुक्त की आड़ लेकर अपना बचाव करता है :

मां स भक्षयते यस्माद् मक्षयिष्ये तमप्यहम्।
एतन्मांसस्य मांसत्वम्.....। (महा. गी. प्रे. अनु.।। 6.25)

मां स भक्षयितामुत्र यस्य मांसमिहाद्म्यहम्।
एतन्मांसस्य मांसत्वं प्रवदन्ति मनीषिणः।। (मनु. 5.55)

(मैं इस लोक में जिसका मांस-भक्षण करता हूँ, वह (सः) परलोक में मेरा (माम्) भक्षण करेगा। यहीं मांस शब्द का अर्थ विद्वान् कहते है-माम् स भक्षयिता-मांस।)

सन्दर्भ-ग्रंथ

1. डॉ. रामविलास शर्मा : आर्य और द्रविड़ भाषा-परिवारों का संबंध; हिन्दुस्तानी एकेडेमी, इलाहाबाद (प्रथम संस्करण, सन् 1979); पृ. 56

आदिवासियों की मुण्डा भाषाएँ

आदिवासी की अवधारणा भाषायी नहीं है यद्यपि सरसरी तौर पर इसे ऐसा मान लिया जाता है। छोटा नागपुर में द्रविड़ भाषाएँ बोलनेवाले लोग आदिवासी हैं जबकि तमिलनाडु के तमिलभाषी लोग अथवा कर्नाटक के कन्नड़भाषी लोग आदिवासी नहीं हैं। यह भी मान लिया गया है कि इन आदिवासियों से आर्य भाषा परिवार का कोई सम्बन्ध नहीं है। कारण कि आर्य बाहरी हैं और बाहर से आने वाले इन आर्यों ने आस्ट्रिक, किरात और द्रविड़जनों को उनकी मूल भूमि से बेदखल किया है। तभी तो वे जंगलों और पहाड़ों में भागने को विवश हुए। फिर महाराष्ट्र की अहिरानी, मध्यप्रदेश की कमारी, उत्तर प्रदेश की जौनसारी, उड़ीसा और मध्यप्रदेश की भतरी भाषाएँ इण्डो-यूरोपियन परिवार में कैसे आती हैं ? आदिवासियों की शिनाख्त किये जाने के पहले इस तथ्य पर गौर किया जाना चाहिए वरना कई कबीलाई गणों को छूट जाने का खतरा बना रहेगा। इसीलिए भारत के आदिवासियों और यहाँ के मूल निवासियों के बीच सीधा रिश्ता कायम करने से कई भाषावैज्ञानिक स्थापनाओं का साँचा बार-बार टूट जाता है।

यहाँ के मूल निवासी कौन थे—नेग्रिटो, आस्ट्रिक, किरात अथवा द्रविड़ ? मुण्डा वर्ग की भाषाएँ आस्ट्रिकों की हैं जिसमें संथाली (झारखण्ड तथा पश्चिमी बंगाल), मुंडारी (झारखण्ड, पश्चिमी बंगाल, उड़ीसा, मध्यप्रदेश, तमिलनाडु) और भूमिज (उड़ीसा) प्रमुख हैं। पहले कहा गया था कि ये लोग दक्षिणी चीन तथा उत्तरी हिन्दचीन के निवासी थे और असम के रास्ते भारत में आये थे। अब इनका मूल स्थान भूमध्यसागर मान लिया गया है। केवल आस्ट्रिकों को ही नहीं अपितु भारत की सभी जातियों को भूमध्यसागर के कूल-कच्छारों से आया हुआ साबित कर दिया गया है जैसे कभी धार्मिक स्थापनाओं में पृथ्वी को पूरे ब्रह्माण्ड की धुरी मान ली गयी थी। रोचक तथ्य यह है कि भूमध्यसागर के तट पर मुण्डा परिवार की कोई भी भाषा बोली नहीं जाती है। संथाली की लोककथाएँ तो एक अलग कहानी कहती हैं कि प्रथम मानव-दम्पति का जन्म, पूरब की ओर, समुद्र में 'हाँस-हाँसिल' नाम के दो पक्षियों से हुआ है। पश्चिम आया कहाँ से ?

भारत के पूर्वी अंचल तथा हिमालय की उपत्यकाओं में वहाँ के आदिवासियों के द्वारा नाग भाषा-परिवार की अनेक भाषाएँ बोली जाती हैं। गारो, बोड़ो और

नागा उनमें प्रमुख हैं। साइनो-टिबटन अथवा चीन-तिब्बती इस परिवार का वैज्ञानिक नाम है। कहना न होगा कि इस नाम से ही ऐतिहासिक भाषाविज्ञान की उस स्थापना का खुलासा हो जाता है कि पूर्वांचल के आदिवासियों की भाषाएँ बाहर से आयातित हैं। द्रविड़कुल की भाषाओं का सम्बन्ध भी अब फिनो-उग्रियन से जोड़ा जाता है जिसका अर्थ यह हुआ कि ओराँव, माल्तो, कुइ, कोलामी, परजी, टोडा जैसी आदिवासी भाषाएँ भी यूरोप से आयी हैं जिसके बोलने वाले फिनलैण्ड में आज भी मौजूद हैं। आर्यों के बारे में कहने को कुछ भी नहीं बचता है। ऐसी अराजक स्थानाओं के बीच यह तय करना कठिन है कि यहाँ के आदिवासी कौन थे ?

आद्य भारोपीय वर्णमाला की ओर ध्यान केन्द्रित करें तो स्पष्ट होगा कि अकेले क वर्ग के कण्ठोष्ठ्य, कण्ठ्य और तालव्य–तीन प्रभेद करके पन्द्रह वर्ण कल्पित कर लिए गये हैं। ऐसा क्यों ? यह आदिम भाषा का अभिलक्षण है जब ध्वनियाँ औच्चारणिक अनुशासन के अभाव में स्थान और प्रयत्न के बन्धन को तोड़ती रही हैं। यही कारण है कि संथाली भाषा में कुछ ध्वनियाँ ऐसी भी हैं जिनके लिए एक अर्द्धसंवृत कण्ठ्य-तालव्य अग्र स्वर, एक अर्द्ध विवृत कण्ठ्य मध्य स्वर तथा एक अर्द्धसंवृत कण्ठ्य-तालव्य अग्र स्वर की भी आवश्यकता होती है। ऐसा माना गया है कि भारत-यूरोपीय परिवार के प्राचीनतम लेख हित्ती भाषा में है। भाषावैज्ञानिकों का दावा है कि काकल्य स्पर्श-ध्वनि इण्डो-यूरोपियन परिवार की इस अत्यन्त प्राचीन हित्ती में मौजूद है जबकि इस परिवार की अन्य भाषाएँ इसके अस्तित्व का सबूत नहीं देती हैं। मुण्डा भाषाओं की प्राचीनता इस बात से सिद्ध है कि काकल्य स्पर्श-ध्वनि का व्यवहार इनमें आज भी होता है।

घ्, ध्, भ् के बारे में यह स्थापित तथ्य है कि भारत के बाहर इनका प्रयोग नहीं होता है। भारत की सरहद में भी द्रविड़कुल की भाषाओं में इनका अभाव है। क्, त्, प् की स्थिति ठीक इसके विपरीत है। संसार की बहुत कम ऐसी भाषाएँ हैं जिनमें इनका प्रयोग नहीं होता है। इन ध्वनियों का विश्वव्यापी फैलाव को देखते हुए इनकी प्राचीनता असंदिग्ध हो जाती है। आस्ट्रो-एशियाटिक भाषाओं का फैलाव आश्चर्यजनक है। यदि मलय-पोलीनेशियाई परिवार का समीकरण हमें स्वीकार हो तो इसका विस्तार-क्षेत्र मलय प्रायद्वीप से लेकर प्रशांत महासागर के ईस्टर द्वीप तक है। स्वयं भारत में हिमालय के दक्षिणी ढाल, छोटा नागपुर के पठार, मध्यप्रदेश, विदर्भ और उड़ीसा तथा मद्रास के कुछ हिस्सों में मुण्डा भाषा-भाषी रहते हैं। क्, त्, प् और आस्ट्रो-एशियाटिक भाषाओं के व्यापक फैलाव को मुण्डा भाषाओं में प्रयुक्त क्, त्, प् जैसे व्यंजनों के एक अवरुद्ध रूप के साथ जोड़कर देखना रोचक होगा। क्या यह जुड़ाव आदिम भाषा की अमानक औच्चारणिक रीति की ओर संकेत करता है ?

ध्यान देने योग्य तथ्य है कि महाप्राणों का जन्म अल्पप्राणों से हुआ है, और

मुण्डारी या हो भाषा में महाप्राण का प्रयोग प्रायः नहीं होता है। जहाँ कहीं भी इनमें महाप्राण का व्यवहार मिलता है, उसे दूसरे भाषा परिवारों का प्रभाव माना जाना चाहिए। दक्षिण भारत की द्रविड़ भाषाओं की मूल प्रकृति भी अल्पप्राणता की है, इसलिए शक की सूई बारम्बार आर्य भाषा परिवार की ओर जाती है। इण्डो-यूरोपियन परिवार की प्राचीनतम भाषा हित्ती है जिसके ध्वनितंत्र की सबसे महत्वपूर्ण विशेषता महाप्राण ध्वनियों का अभाव है। ऐसी हालत में संदेह नहीं रह जाता है कि आदिम भाषा की मूल प्रकृति अल्पप्राणन की थी जिसके आदिमपन को मुण्डा परिवार की भाषाएँ आज भी ढो रही हैं। यहाँ यह साफ कर देना जरूरी लगता है कि संस्कृत अथवा अवेस्ता की प्राचीनता सिर्फ साहित्यिक है जबकि हित्ती की प्राचीनता पुरालेखीय है। इसीलिए ब्लूमफील्ड ने लिखा है, "भारतीय बोलियों का एक पूर्वतर रूप, संस्कृत (अथवा प्राचीन भारतीय आर्य) हमें आश्चर्य रूप से कुछ बाद के आलेखों से मिलता है।"[1]

मुण्डा भाषाओं का ध्वनितंत्र जैसे आदिवासियों के भाषायी आदिमपन को खोलता है वैसे इनका रूपतंत्र उनके सामाजिक बुनावट को उजागर करता है। केवल साहित्य ही नहीं बल्कि भाषा भी समाज का प्रतिबिम्ब है। समाज में जैसे-जैसे वर्ग-भेद और ऊँच-नीच की जटिलताएँ गहराने लगती हैं वैसे-वैसे उस समाज की भाषा स्तर-भेदक अभिव्यक्तियाँ कायम करने लगती है। मध्यम पुरुष के लिए अंग्रेजी में Thou तथा You दो हैं, हिन्दी में तू, तुम, आप तीन हैं जबकि जापानी में छः सात हैं। मध्यम पुरुष के ये विभिन्न व्याकरणिक रूप जापानी समाज के सामन्तमूलक स्वर को खोल देते हैं। भारत में वैदिक और लौकिक संस्कृत के बोलनेवाले समाज में भी स्तर-भेद था। संस्कृत में 'त्वं' के बदले आदर के लिए 'भवत्' के रूपों का प्रयोग क्या है ? अंग्रेजीभाषी समाज ने Thou का प्रयोग सामान्य बोलचाल की भाषा में छोड़ चुका है, वहीं हिन्दीभाषी समाज ने उसे और आगे बढ़ाया है। ऐसा माना जाता है कि आदिम समाज समतामूलक था। संथाली भाषा में आदर के लिए कोई अलग सर्वनाम नहीं है और न आदर के लिए किसी दूसरी शब्दावली का प्रयोग होता है।[2] संथाली ही नहीं अपितु सभी मुण्डा भाषाओं में आदरवाचक कोई सर्वनाम नहीं मिलते हैं। सभ्य समाज की कई स्तर-भेदक अभिव्यक्तियों से तो मुण्डा भाषाओं का यह व्याकरणिक ढाँचा ज्यादा बेहतर है। मुण्डा आदिवासियों का समाज पिछड़ा है। उनकी भाषाएँ दरिद्र हैं। फिर भी इतना तो तय है कि इस मामले में उनकी भाषाएँ तथाकथित विकसित भाषाओं से ज्यादा अमीर हैं।

हिन्दी व्याकरण की किताबों पर ध्यान केन्द्रित करें तो स्पष्ट होगा कि उनमें पुलिंग से स्त्रीलिंग बनाने के नियम और प्रत्ययों का जिक्र मिलेगा जबकि स्त्रीलिंग से पुलिंग बनाने की प्रत्ययी अवधारणा नहीं मिलेगी। संस्कृत में भी स्त्री प्रत्ययों की कमी नहीं है। यह हमारा मर्दवादी सोच है जो चोर दरवाजे से

व्याकरण की किताबों में दाखिल हुआ है। पुरुष केन्द्र में है, इसीलिए उसमें कुछ जोड़ देने से स्त्रीवाची शब्द निकल आते हैं। स्त्रीवाची शब्द उसके मुखापेक्षी हैं। मुण्डा भाषाएँ दोनों की बराबर सत्ताएँ स्वीकार करती हैं। लैंगिक नस्लवाद से इन्हें परहेज है, तभी तो लिंग का बोध कराने के लिए मूल शब्द में पुरुषवाचक या स्त्रीवाचक शब्द जोड़ दिया जाता है। इनका पक्ष एकतरफा नहीं है। मुण्डा भाषाओं में लिंग-भेद करने का ढंग भी अत्यन्त मोहक है, साथ ही वैज्ञानिक भी। ईंट-पत्थरों का भी लिंग-निर्णय ये उनका पूँछ उठाकर नहीं किया करती हैं। भला ईंट और पत्थरों का क्या लिंग होगा ? आज के वैज्ञानिक युग में भी इस तरह की अवैज्ञानिक, अतार्किक एवं पारम्परिक प्रणाली को हिन्दी भाषा ढो रही है, यह आश्चर्य का विषय है। हिन्दी में लिंग का प्रभाव अंग्रेजी की तरह केवल सर्वनामों पर ही नहीं होता है बल्कि इसका असर विशेषणों और क्रियाओं पर भी पड़ता है। हिन्दी का लिंग केन्द्र में है, मुण्डा भाषाओं का हाशिए पर। संथाली भाषा के सर्वनामों, विभक्तियों और क्रियारूपों में लिंग-भेद के कारण कोई विकार नहीं आता है, परन्तु चेतन-अचेतन के कारण अवश्य आता है। कारण कि मुण्डा में लिंग व्याकरणिक नहीं है। सभी जीवित प्राणी पुंलिंग हैं, निर्जीव वस्तुएँ स्त्रीलिंग हैं। जरूरत पड़ने पर संज्ञाओं में नर और मादावाचक शब्दों का इस्तेमाल कर लिया जाता है। लिंग को औजार बनाकर समाज पर काबिज होने की नस्लपरस्त दृष्टि से मुण्डा भाषाओं का व्याकरण अछूता है।

सभ्यता के विकास के साथ-साथ समाज को अधिक सूक्ष्म अर्थ-भेदों के लिए उसी अनुपात में शब्दों की आवश्यकता प्रतीत होती है। भावों की जटिलताएँ तथाकथित सभ्य और विकसित समाज की देन है। इसीलिए मुण्डा भाषाओं में भाववाचक संज्ञाओं की बड़ी कमी है। मुण्डा भाषाओं के शब्द-भण्डार का यदि व्याकरणिक विश्लेषण किया जाए तो स्पष्ट होगा कि संख्या की दृष्टि से संज्ञाएँ सर्वाधिक हैं, दूसरा स्थान क्रियाओं का है। विशेषणों की संख्या उनके सापेक्ष बहुत कम है। इससे उनके स्थूल मानस की सहजता एवं आदिम हृदय की सरलता खुल जाती है।

मुण्डारी या हो भाषा के पास अपने सरल जीवन को अभिव्यक्त करने के लिए सभी शब्द मौजूद हैं। मुण्डा भाषाएँ जंगल, पहाड़ और नदियों की भाषाएँ हैं। यह शिकारी, किसानों और मछेरों की भाषा है। मुण्डा आदिवासी शिकार के शौकीन होते हैं। खेती के बाद जो समय बचता है, उसमें वे नदी-तालाब में जाकर मछलियाँ मारते हैं। इन तमाम कार्य-संस्कृति के लिए उनके अपने शब्द हैं। यह हल, चावल और खेतों की संस्कृति की भाषा है। हिन्दी क्षेत्र में हल चलता है, **लाङ्गल** नहीं। **लाङ्गल** वैदिक संस्कृत में था। क्या कारण है कि बंगला में यह आज भी चलता है? दिमासा कछारी लोगों की भाषा में

भी नोङोल्/लाङोल् शब्द का चलन है।[3] **लाङ्गल** शब्द मुण्डा भाषाओं में व्यापक है। कूर्कू में इसे नंगर कहा जाता है। **लाङ्गल** संस्कृत में है, चावल नहीं। इस शब्द का प्रयोग हमें पहली बार प्राकृतों में मिलता है। चावल का मूल मुण्डा भाषाओं में है, इसीलिए संथाली में भूसी निकालने को '**चऑलॅ**' कहते हैं। मुण्डा भाषाओं में चावल सिर्फ संज्ञा नहीं है बल्कि क्रिया से जुड़ा हुआ भी शब्द है। सिर्फ संथाली भाषा का आधार हमें स्वीकार हो तो नाना प्रकार के खेतों के लिए अलग-अलग शब्दों का प्रयोग यहाँ देखने को मिल जाएगा। '**डबॅर्**' कहते है 'भींगा खेत' को, '**डब्र/ढब्**' कहते हैं 'पानी से भरा खेत' को और '**ढबॅर**' कहते हैं 'बड़ा खेत' को। संथाली '**ढबॅर्**' का ही प्रतिरूप मुण्डारी '**डाबर्**' है जो 'बड़ा खेत' को कहा जाता है। हस्तशिल्प का नमूना है—दौरी (डलिया)। यह शब्द मुण्डारी में है। मगध से लेकर अवध जनपद तक का क्षेत्र इस शब्द से प्रभावित है। ऐसे श्रम, कृषि और हस्तशिल्प से जुड़ी मुण्डा भाषाओं को कोलारियन अथवा कोल भाषाएँ कहना कहाँ तक सार्थक है ?

संस्कृत में कोल कहते हैं सूअर को। ब्रह्मा के विरोध में विश्वामित्र ने जिन बारह जीवों की रचना की थी, उनमें एक सूअर भी था। विश्वामित्र का यह विद्रोह ब्राह्मण-सस्कृति को एक चुनौती थी। इसलिए आर्यवादी भाषाओं में 'सूअर' गाली का पर्याय है। बोलचाल की भाषा में 'सूअर बियान' का अर्थ बहुत नीचे है। अगर मुण्डा परिवार की भाषाओं को कोलकुल से दरकिनार भी कर दिया जाए तो कोल जाति के अन्तर्गत ओराँव भी आते हैं जो द्राविड़ी भाषा बोलते हैं। यदि आर्यवादी निर्वचन की मनगढ़न्त पद्धति हमें स्वीकार हो तो कोयरी/कोरी कोल का अपभ्रंश है। ऐसी हालत में आर्यभाषा भाषी निम्न जातियाँ भी कोल की परिधि में चली आएँगी। 'कोल' शब्द संथाली में 'होड़' है। इसका मतलब यह नहीं है कि ये दोनों एक-दूसरे के प्रतिरूप हैं। इसका तात्पर्य केवल इतना ही है कि वहाँ 'कोल' के बदले 'होड़' का प्रयोग किया जाता है। यह 'होड़' ही हो भाषा में 'हो' (आदमी) है। आर्यों ने जब आदिवासियों को तिरस्कारवाची कोल की संज्ञा दी होगी तब उन्होंने इसके विरोध में अपने को होड़/हो (मनुष्य) कहा होगा। शायद मुण्डा शब्द इस भाषा-परिवार के लिए ज्यादा सार्थक और उपयुक्त होगा। मुण्डारी भाषा के इस शब्द का अर्थ होता है—मुखिया अथवा सिर। यह शब्द उनके लिए सम्मानजनक है। इसलिए मुण्डा आदिवासी उपनाम के रूप में इस शब्द का इस्तेमाल करते हैं।

सन्दर्भ-ग्रंथ

1. ब्लूमफील्ड/अनु. डॉ. विश्वनाथ प्रसाद : भाषा; मोतीलाल बनारसीदास, दिल्ली (प्रथम संस्करण, सन् 1968); पृ. 69
2. श्री डोमन साहु 'समीर' : पंचदश लोकभाषा-निबंधावली; बिहार राष्ट्रभाषा परिषद्, पटना (प्रथम संस्करण, 2016 विक्रमाब्द); पृ. 103
3. प्रो. ब्रज बिहारी कुमार : हिन्दी दिमासा कछारी कोश; नागालैण्ड भाषा परिषद्, कोहिमा (प्रथम संस्करण, सन् 1975); पृ. 75

हिन्दी पत्रकारिता की भाषा

भारत में पत्रकारिता को पहले मिशन के रूप में अपनाया गया था इसलिए पत्रों का मूल्य सिर्फ कागज के बने नोटों से नहीं आँका जाता था बल्कि इसके मूल्यांकन का एक दूसरा आयाम भी था जो राष्ट्रहित एवं नागरिकों में दायित्वबोध से जुड़ा हुआ था। आज की पत्रकारिता ने पूरी तरह से व्यावसायिकता का रूप ले लिया है। ऐसी हालत में जरूरी हो गया है—आकर्षक शीर्षक देना। जल्दी से जल्दी समाचार देने की होड़ और पाठक के हाथ में सबसे पहले पत्र पहुँचा देने की प्रतिस्पर्धा। इस जल्दबाजी का प्रभाव अखबारों की भाषा में स्पष्ट दिखाई पड़ेगा क्योंकि उन्हें समय के साथ-साथ चलना है। इसलिए पत्रकारिता की भाषा इत्मीनान की भाषा नहीं है बल्कि शीघ्रता की भाषा है।

इस पत्र-उद्योग के केन्द्र में उपभोक्ता है। उपभोक्ता भी भौतिकवादी संस्कृति की चपेट में है। वह भी भाग-दौड़ की जिन्दगी में पूरी तरह से शामिल है। उसे भी कहीं जाने की जल्दबाजी है। ऐसी हालत में उसे कभी-कभी समाचार-आलेखों का केवल शीर्षक देखकर संतोष करना पड़ता है। इसलिए शीर्षक को पूरे समाचार-आलेख का केन्द्र-बिन्दु होना चाहिए जिसमें उसका मुख्य भाव प्रतिबिम्बित हो जाय क्योंकि इसी के माध्यम से पाठक खबरों के भीतर झाँकता है। लेकिन कभी-कभी शीर्षक अस्पष्ट लगे होते हैं जिसकी वजह से मुख्य भाव नहीं खुल पाता है। कभी ऐसा भी होता है कि किसी मुख्य समाचार का कोई गौण हिस्सा शीर्षक की जगह पर आकर उसके मूल स्वर को आच्छादित कर देता है। ऐसे कई उदाहरण अखबारों में मिल जाएँगे।

तेज रफ्तार से भागती दुनिया और उसे छू लेने को बेचैन जिन्दगी की सरपट भाग-दौड़ में चुटीले, रसीले, भीषण तथा अप्रत्याशित समाचारों को बॉक्स के अन्दर प्रकाशित किया जाता है ताकि पाठकों का ध्यान उस पर बरबस चला जाय। वह भी भाषा का एक रूप है जो सिर्फ चार सीधी लकीरों से भाव खोलता है। लिपि भी तो सीधी-तिरछी लकीरों का जोड़-घटाव है। भारतेन्दुयुगीन पत्रकारिता में काला किनारा देकर शोक प्रकाश करने की प्रणाली ऐसी ही संकेत-भाषा थी जो अनकही संवेदनाओं को चुपचाप बयान करती थी। अज्ञेय की भाषा में मौन चिह्न (…) या अकेला शब्द कई-कई भावों को एकसाथ खोलता

है जहाँ भाषा कुछ कहने में लचर हो जाती है।

हिन्दी एक विस्तृत भूखण्ड की भाषा है। इसका प्रयोग विभिन्न कार्यों में होता है। अतएव यह स्वाभाविक है कि उसके रूप अथवा उसकी शैलियाँ उसके पूरे क्षेत्र में सभी स्तरों पर एक प्रकार की नहीं होंगी। सरकारी कामों में प्रयुक्त हिन्दी एक प्रकार की है, तो बोलचाल की हिन्दी दूसरे प्रकार की; विज्ञापन में प्रयुक्त हिन्दी तीसरे प्रकार की है तो व्यापार में प्रयुक्त हिन्दी चौथे प्रकार की; साहित्य में प्रयुक्त हिन्दी पाँचवें प्रकार की है तो पत्रकारिता में प्रयुक्त हिन्दी छठे प्रकार की। अतएव भाषा की एकरूपता या उसके मानकीकरण की बात पर ज्यादा बल देना सैद्धांतिक अधिक है, व्यावहारिक कम।

यदि दैनिक अखबारों के अर्थ व्यापारिक पृष्ठ पर ध्यान केन्द्रित करें तो तुरन्त पता चलेगा कि इसका भाषायी स्वरूप अलग है। शेयरों में सुधार, चीनी में तेजड़ियों की पकड़ ढीली, चाँदी लुढ़की, सोना उछला, चावल में तेजी, गेहूँ टूटा उड़द कमजोर, राजमां में गिरावट, स्टैण्डर्ड सोना खामोशी के साथ 514 पर खुला- ये मंडियों और शेयर बाजारों में प्रयुक्त होने वाली हिन्दी के नमूने हैं जिसे मीडिया ने सीधे-सीधे अपना लिया है। मीडियावालों का जुड़ाव कई क्षेत्रों से होता है। प्रत्येक क्षेत्र की अपनी पारिभाषिक एवं तकनीकी शब्दावली होती है। उसका सरोकार खेल-कूद से भी है विज्ञान और टेक्नोलॉजी से भी। उसके रिश्ते सिनेमाई जगत् से भी बनते हैं, घर-संसार से भी। समाचार-पत्रों में राष्ट्रीय अंतर्राष्ट्रीय घटनाक्रमों की केवल सपाट रिर्पोटिंग ही नहीं होती है बल्कि उसमें कई महत्त्वपूर्ण साहित्यिक आलेख, कविता और कहानी भी प्रकाशित होते हैं। कहना न होगा कि इतने सारे क्षेत्रों का अभिव्यक्तिक मुकाबला सीमित शब्द-भण्डार के जंग लगे हथियारों से संभव नहीं है। इन अलग-अलग क्षेत्रों से जूझने के लिए उसे अत्याधुनिक औजार और नयी-नयी रणनीति की जरूरत है क्योंकि जिस औजार और रणनीति से कुरुक्षेत्र की लड़ाई लड़ी गयी थी, उसी से खाड़ी युद्ध नहीं लड़ा गया था। इसलिए बदलते समाज, साहित्य और संस्कृति की चुनौतियों का सामना सिर्फ पारंपरिक भाषा के सहारे सम्भव नहीं होगा वरना पोरस के हाथी की तरह अपनी ही फौज को बर्बाद कर देगा। जमाने और जरूरत के मुताबिक भाषा बदलती है। इसे कोई नहीं रोक सकता है–न व्याकरण, न शब्दकोश बल्कि इन दोनों को इसका पिछलग्गू होना होगा जैसा कि वह पहले भी था।

साहित्य की प्रत्येक विधा से पत्रकारिता की भाषा अद्यतन होती है। शब्द-भण्डार की दृष्टि से यह विशाल सम्भावनाओं का क्षेत्र है जहाँ दुनिया के कोने-कोने से नये-नये शब्दों का जमाव होता है। किसी भी दरिद्र भाषा के शब्दकोश को समृद्ध करने का यह एक महत्त्वपूर्ण जरिया है। ध्यान रहे कि किसी भी विकासशील समाज की भाषा के शब्दकोश में कालक्रम के अनुसार उसके शब्दों की संख्या बढ़ती जाती है। शब्दकोशों की समृद्धि और सामाजिक विकास

के बीच का रिश्ता समानुपातिक होता है, इसलिए अविकसित समाज का शब्दकोश दरिद्र होता है। मैथ्यू व स्कीट द्वारा सन् 1400 ई. में संपादित अंग्रेजी शब्दकोश में शब्दों की कुल संख्या सिर्फ दस हजार थी वहीं सैम्युएल जॉनसन द्वारा सन् 1790 ई. में संपादित अंग्रेजी शब्दकोश में शब्दों की संख्या बढ़कर इकतालिस हजार हो गयी। यह संख्या आगे भी बढ़ती गयी। कोलिन्स ग्राफिक शब्दकोश में तिरसठ हजार शब्द थे जो सन् 1900 ई. में प्रकाशित हुआ था।[1] उसके कोई तीन दशक बाद प्रकाशित बेब्स्टर कोश के 1934 के संस्करण में साढ़े पाँच लाख से भी कुछ अधिक शब्द शामिल हो गये। इसलिए अंग्रेजी भाषा शब्द-समूह के क्षेत्र में सबसे धनी कही जाती है। लेकिन हिन्दी शब्दकोश अंग्रेजी की तरह प्रगतिशील नहीं है क्योंकि यथास्थितिवादियों द्वारा इसकी पवित्रता एवं शुद्धता को बचाये रखने का भरपूर प्रयास किया जाता रहा है। विदेशी नस्ल के शब्दों को लेने में इन्हें परहेज है। लोकबोलियों के शब्दों से इन्हें घृणा है। इनका मानना है कि शब्द-भण्डार के ये दोनों स्रोत अछूत हैं। इनको छूने से भाषा का धर्म भ्रष्ट हो जाएगा। फिर देवी-देवताओं के कोश के सहारे आधुनिक युग की संश्लिष्ट अभिव्यक्ति का मुकाबला कैसे सम्भव होगा ?

मैथ्यू व स्कीट द्वारा संपादित अंग्रेजी शब्दकोश के कोई सवा चार सौ वर्षों के बाद पादरी आदम ने सन् 1829 ई. में आधुनिक हिन्दी का पहला शब्दकोश हिन्दवी भाषा का कोश संपादित किया था जिसमें कुल शब्दों की संख्या बीस हजार थी। आदम साहब पहले व्यक्ति थे जिन्होंने लोक से बोलचाल के शब्द संगृहीत किये थे जिसकी परम्परा मजबूती के साथ आगे नहीं बढ़ पायी। इसलिए सन् 1894 ई. में श्रीधर त्रिपाठी द्वारा संपादित श्रीधर भाषा कोश में हिन्दी शब्दों की कुल संख्या पच्चीस हजार तक ही रह गयी। वृहद् हिन्दी कोश के तीसरे संस्करण में एक लाख अड़तीस हजार शब्द हैं। हिन्दी शब्द सागर (1965-75) में हिन्दी शब्दों की संख्या कोई दो लाख है जबकि अंग्रेजी भाषा में इस समय लगभग छः लाख शब्द होंगे।[2] क्या हम पारम्परिक एवं दकियानूसी विचारधारा के सहारे इन दोनों भाषाओं के बीच तेजी से बढ़ते इस फासले को पाट पाएँगे ? पत्रकारिता की भाषा ने इस फासले को पाटने में सेतु का काम किया है।

भाषावैज्ञनिकों ने विकसित भाषा के कई तत्त्व स्वीकार किये हैं जिसमें सर्वाधिक महत्त्वपूर्ण है–भाषा की आधुनिकता। भाषा की आधुनिकता से तात्पर्य है : शब्दावली में वृद्धि तथा नई शैली तथा अभिव्यक्तियों का विकास। पत्रकारिता की भाषा में इस आधुनिकता की घुसपैठ साफ-साफ देखी जा सकती है। इसके शब्द-चयन और व्याकरणिक ढाँचे को सांख्यिकीय भाषाविज्ञान के माध्यम से ठीक-ठीक जाना जा सकता है। सोवियत संघ के ताशकंद विश्वविद्यालय के प्राध्यापक श्री कासानोवस्की ने अखबारों में प्रयुक्त हिन्दी पर इस प्रकार का कार्य किया है। उनकी गणना के अनुसार हिन्दी समाचार-पत्रों में 195 आधार-शब्द

ऐसे हैं जो समाचार-पत्रों की सामान्य सामग्री में 60% तक मिलते हैं। उनका संक्षिप्त विवरण है–

व्याकरणिक कोटि	**शब्द**	**प्रतिशत**
समुच्चयबोधक	5	6.0 प्रतिशत
परसर्ग	20	21.0 प्रतिशत
सहायक क्रिया 'है', 'था'	2	1.3 प्रतिशत
निपात	8	3.0 प्रतिशत
सर्वनाम	24	8.0 प्रतिशत
संख्या	3	1.0 प्रतिशत
क्रिया	39	12.5 प्रतिशत
क्रियाविशेषण	15	2.3 प्रतिशत
विशेषण	10	0.5 प्रतिशत
संज्ञा	69	4.5 प्रतिशत
	195	60.1 प्रतिशत

साभार, डॉ. भोलानाथ तिवारी : भाषाविज्ञान

अगर अखबारों के केवल समाचार शीर्षकों पर ध्यान केन्द्रित करें तो स्पष्ट होगा कि इनमें सहायक क्रियाओं, विशेष तौर से 'है' या 'था', का प्रयोग कम होता है जबकि अन्य सहायक क्रियाओं का प्रचलन सामान्य है। अखबारी शीर्षकों के कुछ नमूने यहाँ उद्धृत किये जा रहे हैं :

लुप्त होती जा रही (है) लोकगीतों की परम्परा
गाँवों पर भी पड़ रही (है) आधुनिकता की छाप
पोलीथीन का इस्तेमाल जारी (है)

मुख्य क्रियाएँ भी अखबारी समाचार के शीर्षकों से हटायी जा रही हैं जबकि क्रियाओं के ही नये प्रकार के प्रयोग पत्रकारिता की भाषा में मिलते हैं :

नरेन्द्र मोदी का इस्तीफा, गुजरात विधानसभा भंग

(हिन्दुस्तान, 20 जुलाई, 02)

बिक्रमगंज में बंद असरदार, भभुआ में बेअसर

(हिन्दुस्तान, 10 अगस्त, 02)

माइकल फरेरा बिंद्रा को राष्ट्रीय खेल पुरस्कार

(हिन्दुस्तान, 30 अगस्त, 02)

<u>ज्वाइन</u> करो या <u>सस्पेंड</u> हो जाओ

(हिन्दुस्तान, 8 अगस्त, 02)

<u>ओवरटेक</u> करके जीप में बैठाया था अपहर्ताओं ने

(हिन्दुस्तान, 28 अगस्त, 02)

सीरियस रोगियो को टेकअप नहीं करते चिकित्सक

(हिन्दुस्तान, 30 अगस्त, 02)

ऐसा पाया गया है कि किसी भी भाषा के व्याकरणिक रूपों में संज्ञाओं का प्रयोग सर्वाधिक होता है। पत्रकारिता की भाषा भी इसका अपवाद नहीं है। इसीलिए विदेशी शब्दों की सर्वाधिक सेंधमारी और घुसपैठ भी भाषा के इसी व्याकरणिक खापे में होती है। यातायात के साधनों में साइकिल, मोटर, रेल से लेकर हवाई जहाज तक का प्रयोग बढ़ता जा रहा है। दूरसंचार और सूचना-संप्रेषण के क्षेत्र में नये-नये अविष्कार होते जा रहे हैं। कम्प्यूटर, टेलीफोन और इलेक्ट्रॉनिक प्रणालियों का संयोजन तथा ऑप्टिकल फाइबर प्रणाली के विकास से शब्दों, ध्वनियों और चित्रों को डिजिटल रूप में संगृहीत और सम्प्रेषित करना सम्भव हो गया है। साइबर-स्पेस की परिकल्पना से समस्त विश्व में फैले करोड़ों कम्प्यूटरों का एक नेटवर्क तैयार हो गया है जिसके माध्यम से आपस में सूचनाओं, ध्वनियों, तस्वीरों, रेखाचित्रों, आँकड़ों का आदान-प्रदान संभव हो गया है। इंटरनेट की तकनीक का व्यापक उपयोग इलेक्ट्रॉनिक मेल (E-mail) के रूप में हो रहा है। रेडियो पेजिंग प्रणाली के माध्यम से उपभोक्ता कहीं भी संदेश प्राप्त कर सकता है। दिन-प्रतिदिन फैक्टरियाँ तथा मिलें खुलती जा रही हैं। उदारवाद और भूमंडलीकरण की उत्तर-आधुनिक अवधारणाओं से भाषायी क्षेत्र भी अछूता नहीं है। नित नये-नये शब्द सामान्य होते जा रहे हैं। प्रकृति सिद्ध नियमानुसार उनका प्रवेश हुआ है इसलिए उन्हें रोकने की किसी में शक्ति नहीं है।

लेकिन विगत कुछ समय से भारत में मीडिया विस्फोट के बाद खास तौर पर इलेक्ट्रॉनिक माध्यमों ने जिस हिंग्लिश (अंग्रेजी-हिन्दी की खिचड़ी भाषा) का प्रयोग शुरू किया है वह निश्चय ही हिन्दी प्रेमियों के लिए चिन्ता का विषय बना हुआ है। इलेक्ट्रॉनिक माध्यमों में भी रूपर्ट मर्डोक और पश्चिम के अनेक चैनलों ने हिन्दी के लिए जितना बड़ा खतरा पैदा किया है उतना हिन्दी पत्रकारिता अथवा प्रिंट मीडिया ने नहीं किया है। इसलिए हिन्दी पत्रकारों को भाषायी अराजकता का जनक मानने का कोई औचित्य नहीं है। जिस अंग्रेजी भाषा के बढ़ते प्रभाव से हिन्दी भाषी चिन्तित हैं वह अंग्रेजी स्वयं कई भाषाओं का स्तवक है। इस भाषा ने कई भाषाओं के शब्दों को घुला-मिलाकर आत्मसात् कर लिया है। परिणामतः अंग्रेजी में दूसरी भाषाओं से आये शब्दों को भी हम अंग्रेजी का मान बैठते हैं। 'चॉकलेट' मेक्सिकन भाषा का शब्द है, 'रिक्शा' जापानी भाषा का शब्द है, 'बीफ' फ्रांसीसी भाषा का शब्द है और 'टोबैको' पुर्तगाली भाषा का शब्द है। ऐसे कई शब्दों की एक लम्बी सूची बन सकती है।

शुद्धतावादियों की ओर से कभी-कभी हास्यास्पद तर्क दिये जाते हैं। चन्द्रबिन्दु का प्रयोग खत्म होता जा रहा है। इसके बदले में अनुस्वार का प्रयोग

बढ़ता जा रहा है। इससे कहीं-कहीं भ्रम की स्थिति भी पैदा होती है; जैसे—हंस पक्षी तथा हँसना क्रिया का रूप हँस। इसी पारम्परिक उदाहरण को बारम्बार चन्द्रबिन्दु के पक्ष में उद्‌धृत किया जाता रहा है जबकि भाषा में एक शब्द के कई अर्थ होते हैं। वे एक मूल के भी हो सकते हैं, कई मूलों के भी। प्रयोग उसके अर्थ-अलगाव को स्पष्ट कर देगा। फिर 'हंस' के दो अर्थ हो जाएँ तो इसमें क्या हर्ज है ? ऐसे भी इस प्रकार के युग्मों की खोज करना बेहद कठिन है। फिर भी आचार्य-कुल के लोग इसे छोड़ना नहीं चाहते हैं। सवाल है कि एक नहीं, दो-चार शब्दों के लिए भी लिपि के इस अनावश्यक संकेत को इतिहास में ढोये जाने की क्या जरूरत है ? ऐसे शब्दों को ढोने से तो बेहतर है उसके किसी दूसरे पर्याय को अपना लेना। इस प्रकार के दो-चार शब्दों का लोप हो जाने से भाषा का कुछ भी बनने-बिगड़ने वाला नहीं है। भाषाविज्ञान का यह सिद्धान्त है कि सामान्यतः एक हजार वर्षों में कोई भी भाषा अपने मूल शब्दों के केवल 81% शब्द रख पाती है। शेष 19% शब्द लुप्त हो जाते हैं। विष्णु के 1676 पर्यायों में से अब कितने रह गये हैं ? विष्णु की उपयोगिता खत्म हो चुकी है, इसलिए उसके पर्याय हिन्दी शब्दकोश से बाहर होते जा रहे हैं। युग के हिसाब से नये-नये शब्द गढ़े जा रहे हैं या दूसरी भाषाओं से उधार लिये जा रहे हैं। इसमें क्या नुकसान है? शुद्धता, शास्त्रीयता और कुलीनता के नाम पर हिन्दी भाषा के साथ कब तक बलात्कार होता रहेगा, इसे रोकना होगा। हिन्दी के रक्त-वर्ण की शुद्धता की आवाज आभिजात्य वर्ग की ओर से उठायी गयी है जबकि हिन्दी भद्रलोक की भाषा कभी नहीं रही है। यह मेहनतकशों और कामगारों, किसानों और मजदूरों की भाषा रही है। इसलिए इनके शब्दों को हम ग्राम्य मानकर नजरअंदाज नहीं कर सकते हैं। पत्रकारिता की भाषा ने इन बद्धमूल परम्पराओं को तोड़ा है।

केवल शब्दावली के परिवर्तन से भाषा की भाव-प्रकृति नहीं बदलती है। हिन्दी का व्याकरणिक ढाँचा लगभग स्थिर है। कर्त्ता पहले रहे या बाद में-इससे भाषा का संस्कार नहीं बिगड़ेगा। यह सिर्फ शैली-परिवर्तन है जो अभिव्यक्तिक जरूरत के मुताबिक बदलती रहती है। हिन्दी के सम्बन्धतत्त्व अंग्रेजी भाषा से बहुत कम प्रभावित हुए हैं। अगर कहीं ऐसा है तो वह किसी एक शब्द या पद के रूप को ही प्रभावित करता है। उससे भाषा के पूरे संस्थान से कोई सम्बन्ध नहीं है। आधुनिक युग में अंग्रेजी के दाखिल होने के बावजूद हिन्दी का भीतरी मिजाज नहीं बदला है बल्कि उसका सिर्फ बाह्य व्यक्तित्व प्रभावित हुआ है।

अंग्रेजी से हिन्दी में आये शब्दों के कारण स्त्रीलिंग शब्द का पुंलिंग रूप में पुंलिंग शब्द का स्त्रीलिंग रूप में प्रयोग आम बात हो गई है। अंग्रेजी भाषा में निर्जीव वस्तुओं का लिंग-निर्णय पूँछ उठाकर नहीं किया जाता है। वहाँ न्यूटर जेन्डर का कॉन्सेप्ट है। इस नपुंसक लिंग की सूची से हिन्दी में आये शब्दों का

लिंग-निर्णय कैसे किया जाएगा ? इसका कोई ठोस आधार नहीं है। इसलिए मीडिया की भाषा (प्रिंट और इलेक्ट्रॉनिक) में लिंग-भेद की एक अराजक स्थिति पैदा हो गयी है क्योंकि विदेशी शब्दों का पहला मुकाबला इन मीडियावालों से ही होता है। संस्कृत शब्दों का लिंग-निर्णय करने में परम्परा से सहयोग मिल जाता है, परन्तु अंग्रेजी शब्दों का लिंग-निर्णय तो पूरी तरह से मनगढ़ंत है। होना यह चाहिए कि जिन सजीव प्राणियों का लिंग-भेद स्पष्ट है, केवल उन्हीं शब्दों का लिंग-निर्णय हो, बाकी शब्दों का लिंग-निर्णय अवैज्ञानिक है। आज के वैज्ञानिक युग में भी इस तरह की अवैज्ञानिक, अतार्किक एवं पारम्परिक प्रणाली को हमारी भाषा ढो रही है, यह आश्चर्य का विषय है क्योंकि हिन्दी में लिंग का प्रभाव अंग्रेजी की तरह केवल सर्वनामों पर ही नहीं होता बल्कि इसका असर विशेषणों और क्रियाओं पर भी पड़ता है। इस पांडित्य-प्रदर्शन से भाषा की मुक्ति कब होगी ?

यह तर्क सही है कि हिन्दी पर बाहरी शब्दों का जबरदस्ती आरोपण रोका जाना चाहिए किन्तु जहाँ भी क्षेत्रीय या विदेशी शब्द सटीक लगे वहाँ उसे अपनाया जाना चाहिए। ऐसा नहीं है कि पत्रकारिता की भाषा ने सर्वत्र सटीक शब्दों को ही अपनाया है। आदर्श हिन्दी शब्दकोश में 'आतंकवादी' शब्द नहीं मिलेगा क्योंकि यह शब्द आतंकवाद के अभ्युदय के साथ जुड़ा हुआ है। एक समय था जब यह शब्द अखबारों में छाया रहता था, आज इसके बदले में आतंकी शब्द प्रचलित हो गया है। अब आतंकी और आतंकवादी में फर्क किये जाने की जरूरत है। आतंकवाद (टेररिज्म) लोगों को डरा-धमकाकर अपना उद्देश्य सिद्ध करने का सिद्धान्त है और इस सिद्धान्त को माननेवाला आतंकवादी (टेररिस्ट) है। आतंकी उस सिद्धान्त को क्रियान्वित करता है। इस अर्थ में आतंककारी का पर्याय आतंकी है। अभी यह शब्द संक्रमण-काल से गुजर रहा है इसलिए आतंकी और आतंकवादी का वैकल्पिक प्रयोग पत्रकारिता की भाषा में जारी है। आतंकवादी शब्द को हिन्दी शब्दकोशों ने स्वीकार कर लिया है जबकि आतंकी शब्द आज भी हिन्दी शब्दकोशों से गायब है। ऐसे ही आज आरोपी शब्द अखबारों में गलत अर्थ में धड़ल्ले से लिखा जा रहा है। आरोपी फरार- इसका क्या माने हुआ ? यहाँ आरोपी का प्रयोग अभियुक्त के अर्थ में हुआ है जबकि आरोप लगानेवाला आरोपी होता है, जैसे क्रोध करनेवाला क्रोधी। जिस पर आरोप लगा हो उसके लिए शब्द है–आरोपित। अभी हिन्दी शब्दकोशों में आरोपी की स्वीकृति बाकी है जबकि आरोपक पहले से स्वीकृत है।

ऐसा नहीं है कि पत्रकारिता की भाषा शत-प्रतिशत शुद्ध और व्याकरण-सम्मत होती है। हिन्दी अखबारों में भाषा सम्बन्धी ढेरों अशुद्धियाँ मिल जाएँगी। इसके दो कारण हो सकते हैं–प्रूफ रीडिंग अथवा अज्ञानता। मगर जान-बूझकर लायी गयी भाषायी नवीनता को व्याकरणिक अशुद्धि नहीं कही जा सकती है।

पत्रकारिता की भाषा में नवीनता के लिए भी वाक्यों की रचना-पद्धति में बदलाव लाया गया है। विशेषण पदबंध जो संज्ञा शब्दों में पहले आते हैं अब बाद में रखे जाने लगे हैं–तीन दिन की बादशाहत : बादशाहत तीन दिन की। साधारणतः वाक्य में पहले कर्त्ता रहता है, फिर क्रिया। अखबारी शीर्षकों में कर्त्ता ने स्थान बदल दिया है–"बुश के आगे पाक की वादाखिलाफी का मुद्दा उठाएँगे वाजपेयी।" कर्म का प्रयोग साधारणतः कर्त्ता के बाद और क्रिया के पहले होता है। अखबारी शीर्षकों में इसका भी स्थान बदला है–"अमेरिका ने दोहराया रियो का इतिहास।" इस नवीनता के लिए केवल वाक्यों की रचना-पद्धति में ही नहीं बल्कि शब्दों और रूपों में भी परिवर्तन किये जा रहे हैं। प्रभावशाली का स्थान 'प्रभावी' ने ले लिया है। ऐसे ही दो रूपों के स्थान पर एक रूप करने की प्रवृत्ति भी पत्रकारिता की भाषा में बढ़ी है। फिल्माया, स्वीकारा, हथियाया जैसी क्रियाओं का प्रयोग अखबारों में सामान्य हो गया है। यह सब कम से कम शब्दों में अधिक से अधिक भाव व्यक्त करने के प्रयास में हुआ है। इसलिए कभी-कभी शब्दों के भी कुछ अंश छोड़ दिये जाते हैं। बाइक (बाइसिकिल), सिने (सिनेमा) जैसे शब्द इसके प्रमाण हैं।

अखबारी भाषा के सापेक्ष साहित्यिक पत्रकारिता की भाषा ज्यादा टकसाली होती है। हिन्दी में निकलनेवाली कई साहित्यिक पत्रिकाओं ने इस भाषा की अभिव्यंजन क्षमता को विश्व में विकसित मानी जानेवाली भाषाओं के समकक्ष खड़ा किया है यद्यपि लुगदी पत्रकारिता का स्तर इन साहित्यिक पत्रिकाओं के सापेक्ष निम्न है। मनोहर कहानियाँ, नूतन कहानियाँ, सच्ची कहानियाँ, सत्यकथा जैसी लुगदी प्रत्रिकाएँ जो मोटे व सस्ते कागज पर मासिक या पाक्षिक छपती हैं, इसकी मिशाल हैं जबकि इनका सर्कुलेशन साहित्यिक पत्रिकाओं की तुलना में कई गुना ज्यादा है। 'मनोहर कहानियाँ' पौने चार लाख तक बिकती रही है। 'नूतन कहानियाँ' का भी सर्कुलेशन एक लाख से अधिक था। 'सरस सलिल' लगातार प्रगति कर रही है। दिल्ली प्रेस का दावा है कि वह दस लाख की प्रसार संख्या पार कर गयी है। ये लुगदी पत्रिकाएँ विज्ञापनों को सर्वाधिक आकृष्ट करती रही हैं। आज भी विज्ञापनों की भीड़ वैसी ही पत्र-पत्रिकाओं की ओर भागती है जिनका सर्कुलेशन ज्यादा है। इस प्रकार विज्ञापन पत्रकारिता का एक हिस्सा बन गया है। विज्ञापन की भाषा चौंकानेवाली होती है। बिक्री बढ़ाने की धुन में इसकी भाषा प्रायः अतिरंजनापूर्ण हो जाती है। उदाहरण के लिए किन्हीं पाचक गोलियों के विज्ञापन में इस बात पर जोर दिया जाता है कि बगैर स्वास्थ्य का ध्यान दिये ठूँस कर खाइए, चिंता की कोई बात नहीं, फलाँ पाचक की गोलियाँ है न! विज्ञापनों में भी नये-नये शब्दों का चलन हुआ है जैसे गले में 'खिचखिच', सफेदी की 'चमकार'। फिर भी यह नहीं कहा जा सकता है कि सभी विज्ञापनों की भाषा बेतुकी और भौंड़ी होती है। कुछ विज्ञापनों की भाषा और

प्रस्तुतीकरण आकर्षक और स्तरीय होने के साथ-साथ दर्शकों को उनकी मूल सांस्कृतिक परम्परा और मानसिकता से जोड़ते हैं। समाज में बेटियों की परवरिश, शिक्षा एवं उन्हें स्वावलंबी बनाने की दिशा में कुछ बेहद मर्मस्पर्शी विज्ञापन देखने में आये हैं जब एक नन्हीं बच्ची भोली आवाज में माँ के हाथों में पकड़ी पुस्तक के लिए कहती है–'अरी अम्मा! ये तो उल्टी किताब है।' विज्ञापनों में प्रयुक्त की जाने वाली भाषा का यह एक उत्कृष्ट उदाहरण है।[3]

दरअसल भाषा का विकास ही व्याकरण के विरोध में होता है। व्याकरण की शिक्षा भाषा के विकास में बाधक होती है। इसीलिए भाषाविज्ञान नये भाषायी विकासों का भी लेखा-जोखा लेता चलता है। व्याकरण उसका अनुगामी है। इसी कारण फ्रांस में प्रायः प्रति दसवें वर्ष व्याकरण में परिवर्तन कर देने की परम्परा रही है। लेकिन हमारे यहाँ तो भाषिक अशुद्धियों को छाँटने के लिए पुराने से पुराने व्याकरणों का हवाला दिया जाता है। पत्रकारिता की भाषा का सरोकार आम जनों से है। इसको किसी वर्ग अथवा तबके से कोई लेना-देना नहीं है। इसलिए पत्रकारों को क्लिष्ट एवं कोश के धराऊँ शब्दों से बचना चाहिए क्योंकि गंगा की अहमियत स्वर्गलोक में नहीं है। स्वर्ग की गंगा वन्ध्या है, उसके पानी में जनने की कूवत नहीं है। आसमान की गंगा आम जनता के खेत-खलिहानों में आकर ही धन्य होती है, देवताओं के बीच नहीं जो न जनमते हैं और न मरते हैं। कारण कि जिन्दगी जनमने और मरने के बीच है। ऐसे ही पत्रकारिता की भाषा पूजा-धर में प्रतिष्ठित करने की चीज नहीं है बल्कि इसे पूजा-गृह से बाहर होना होगा ताकि उसका जनाधार मजबूत हो सके।

सन्दर्भ ग्रंथ

1. भगवान सिंह : आर्य-द्रविड़ भाषाओं की मूलभूत एकता; लिपि प्रकाशन, दिल्ली (प्रथम संस्करण, सन् 1973); पृ. 114
2. कैलाशचन्द्र भाटिया : शब्दश्री; प्रभात प्रकाशन, दिल्ली (प्रथम संस्करण, सन् 1984); पृ. 23-24
3. सं. डॉ. सुशीला गुप्ता : प्रयोजनमूलक हिन्दी का अध्ययन; जयभारती प्रकाशन, इलाहाबाद (प्रथम संस्करण, सन् 1993); पृ. 115-118

पारिभाषिक शब्दावली

अंतरण–Transfer
अक्ष–Axis
अक्षर–Syllable
अचेतन–Inanimate
अतीत–Past
अनाक्षरिक–Asyllabic/Non-Syllabic
अनासिक्य–Non-nasal
अनुतान–Intonation
अनुदात्त–Grave accent
अनुनासिकता–Nasalization
अनुसर्ग–Post position
अनेकार्थी–Polysemy
अन्त्य–1. Ending 2. Final 3. Code.
अन्य पुरुष–Third person
अपरिच्छेदक–Non-distinctive
अपवाद–Exception
अभिलक्षण–Feature
अभिव्यक्ति–Expression
अर्थ–1. Meaning/Sense/Import 2. Mood.
अर्थ-संकोच–Contraction of meaning
अर्थादेश–Displacement of meaning
अर्थान्तर–Semantic change
अर्थोत्कर्ष–Melioration/Amelioration
अलंकारशास्त्र–Poetics
अवधारणा–Concept
अवरोही–1. Falling 2. Minuent
अवृत्तता–Unrounded

अव्यक्त भाषा–Inarticulate speech
आक्षरिक–1. Syllabic 2. Sonant
आदि / आद्य–1. Initial 2. Proto
आदिम–Primitive
आभ्यन्तरिक–Internal
आरोही–1. Rising. 2. Crescendo
आरोही-अवरोही–Rising falling
आर्ष–Archaic
आवृत्ति–Frequency
उच्चारण–1. Aritculation. 2. Pronunciation
उच्चारण अवयव–Vocal organ
उच्चारण पद्धति–Manner of pronunciation
उत्तरखण्ड–Second component
उदात्त–1. Rising tone 2. Acute
उप-उत्पाद–By product
उपसर्ग–1. Perfix 2. Preposition
ऊष्म–1. Sibilant 2. Spirant
एकवचन–Singular
एकवाद–Monotheism
एक-स्वरिक–Monosyllabic
ऐतिहासिक भाषाविज्ञान–1. Historical linguistics 2. Evolutionary linguistics 3. Linguistic phylogeny
ओष्ठ–Lips
ओष्ठ्य–Labial
कंठ्य–1. Velar 2. Guttural 3. Faucal
कंठ्योष्ठ्य–1. Gutturo- labial 2. Labiovelar
करण कारक–Instrumental case
कर्त्ता–1. Agent 2. Subject 3. Nominative
कर्त्ता कारक–1. Agential case 2. Nominative case
कारक–Case
कृत्रिम भाषा–Artificial language
कृदन्त रूप–Participle form
केन्द्र–Centre
कोश–Dictionary
कोशकार–Lexicographer

कोशार्थ–Lexical meaning
क्रिया–Verb
क्रियापद–Conjugation
क्रियामूल–Verbal root
क्रिया विशेषण–Adverb
गँवारू भाषा–Jargon
गौण–Secondary
ग्राम्य–Vulgar
घटक–1. Component 2. Constituent 3. Member
चिन्ह–Symbol
छंद–Verse
जटिल–Complex
जिह्वा–Tongue
ढाँचा–Stucture
तकनीकी शब्द–Technical word
तत्पुरुष समास–Determinative compound
तान–Tone
तान भाषाएँ–Tone languages/Polytonic languages
तालव्य–Palatal
तालव्यीकरण–Palatalization
त्र्यक्षरात्मक–Trisyllabic
दन्त्य–Dental
दर्शन–Philosophy
दाँत–Teeth
द्वैतवाद–Dualism
धातु–1. Root 2. Verbal root 3. Verb base 4. Root base
धातु सिद्धान्त–Ding-Dong Theory
धुरी–Axis
ध्वनि–Sound
ध्वनिगत प्रवृत्ति–Phonetic tendency
ध्वनि तंत्र–Acoustic nerve
ध्वनि-परिवर्तन–1. Sound shifting 2. Phonetic change
ध्वनि रूप–Phonetic form
ध्वनिविज्ञानी–Phonetician
ध्वन्यात्मक–Phonetic

नपुंसक लिंग–Neuter gender
नाटक–Drama
नासिका–Nose
नासिक्य–Nasal
नियम–Law
निर्वचन / निरुक्त–Etymology
निर्वचनशास्त्र–Science of etymology
निर्वचनशास्त्री–Etymologist
पद–1. Inflected word. 2. Morpheme
परसर्ग–Post position
परस्परान्तरण–Metathesis
पर्याय–Synonym
पर्यायवाची–Synonymous
पांडुलिपि–Manuscript
पुरातत्त्व–Archaeology
पुंलिंग–Masculine
पूर्व खण्ड–First component
प्रक्षेपण–Interpolation
प्रत्यय–1. Affix 2. Formative
प्रयत्न–Effort
बलाघात–1. Stress accent 2. Dynamic accent
बहुवचन–Plural
बोलचाल की भाषा–Colloquial
बोली–Dialect
भाषा–1. Language 2. Tongue
भाषा परिवार–Linguistic family
भाषायी क्षेत्र–Linguistic field or area
भाषाविज्ञान–Linguistics (Linguistic science/Glossology/Glottology)
भाषाविज्ञानी–Linguist/Linguistician
भाषिक–Linguistic
भाषोत्पत्ति–Origin of language
भाष्यकार–Interpreter
भिन्नार्थक शब्द–Doublets
भूतकाल–Past tense
भूतकालिक कृदन्त–Past passive participle

मध्य–1. Medial/Mid 2. Interlude
मनोभाषिकी–Psycholinguistics
मातृभाषा–Parent language
मानक–1. Norm 2. Standard
मूर्धन्य–1. Domal 2. Cerebral 3. Retroflex 4. Cacuminal
मूर्धा–Crebrum
मूल–1. Root 2. Kernel 3. Fundamental
मूलभाषा–Root language
मूलस्वर–Simple vowel
राजभाषा–Official language
रूढ़–Conventional
रूढ़ि–Motif
रूप–1. Form 2. Morph
रूपान्तरण–Morphological transfer
लक्षण–1. Feature 2. Characteristic
लक्ष्यार्थ–Figurative or Transferred meaning
लिंग–Gender
लिखावट / लिपि–Script
लेखन–Writing
लोककथा–Folk tales
लोकभाषा–Folk speech
लोकमानस–Folk mental element
लोकोक्ति–Proverb
लोप–1. Elision 2. Loss 3. Disappearance 4. Omission
लौकिक–Classical
वचन–Number
वर्ग–Class
वर्ण–Letter
वर्णमाला–Alphabet
वर्ण वैषम्य–Letter Contrast
वर्ण संकोच–Letter Contraction
वर्तमान काल–Present tense
वर्तमानकालिक कृदन्त–Present participle
वर्त्स–Alveolar/Alveolus
वाक्–1. Le parole 2. Speech

वाक्य–Sentence
वाक्य-विन्यास–1. Parataxis 2. Syntax
वागिंद्रय–Speech organ
वाग्यंत्र–Vocal apparatus
वाचक–Significant (Name)
विकास क्रम–Evolution
विधि-निषेध–Custom-Taboo
विभक्ति–Inflexion
विशेषण–Adjective
विस्मयबोधक–Interjection
वैकल्पिक–Alternative
वैयाकरण–Grammarian
व्यंजन–Consonant
व्याकरण–Grammar
व्याकरणार्थ–Grammatical meaning
व्युत्पत्ति–1. Etymology 2.Derivation
व्युत्पत्तिक–Etymological
शब्द–1. Word 2. Term 3.Vocable
शब्दकोश–1. Lexicon 2. Dictinary
शब्दमूल–Stem
शब्दानुशासन–Grammar
शब्दावली–1. Vocabulary 2. Glossary
शाब्दिक–Lexical
शिक्षा–Phonetics
शिलालेख–Inscriptions
शीर्षक–Heading
श्लेष–Pun
संकेत–1. Sign 2. Convention
संज्ञा–Noun
संघर्षी–1. Spirant 2. Fricative
संधि–Morphophoncmics
संप्रदान–Dative
संप्रसारण–1. Reducedgrade 2. Extension
संबोधनसूचक–Vocative

संयुक्त व्यंजन–1.Consonantal group 2. Conjunct or Compound Consonant

संवाद /वार्तालाप–Dialogue

संवृत–Close

समस्त पद–Compund word

समास–Compound

सहायक क्रिया–Auxiliary verb

सुर–1. Pitch 2. Accent 3. Tone

स्थान (उच्चारण)–Place of articulation

स्थानापन्न–Substitute

स्वनिम–Phoneme

स्वर–1. Accent (pitch) 2. Vowel

स्वरभक्ति–Anaptyxis

स्वराघात–1. Accent 2. Pitch

हृत्स्पंद–Chest pulse

भाषानामानुक्रमणिका

भोजपुरी शब्दानुक्रमणिका

●●●